LA BIBLIOTHÈQUE DE L'ISLAM

Collections éditées par
Pierre Bernard

Essais

La métaphysique en Perse

Mohammed Iqbal

La métaphysique en Perse

Traduit de l'anglais
par Eva de Vitray-Meyerovitch

Sindbad
1 et 3 rue Feutrier
Paris 18

Droits réservés pour tous pays.
© *Traduction française : Éditions Sindbad, Paris, 1980.*
ISBN 2.7274.0049.7

Introduction

Le trait de caractère le plus remarquable du peuple persan est son amour pour la spéculation métaphysique. Cependant, le chercheur qui aborde la littérature de la Perse en s'attendant à y trouver des systèmes complets de pensée, tels que ceux de Kapila ou de Kant, s'en retourneront désappointés, malgré l'impression profonde que leur aura laissée la merveilleuse subtilité intellectuelle qui s'y déploie. Il me semble que l'esprit persan est plutôt épris des détails, et en conséquence, dénué de cette faculté organisatrice qui élabore graduellement une doctrine, en interprétant les principes fondamentaux par référence aux faits ordinaires de l'observation. Le subtil brahmaniste perçoit l'unité interne des choses ; le Persan aussi. Mais tandis que le premier s'efforce de la découvrir dans tous les aspects de l'expérience humaine, et explique de différentes façons sa présence cachée dans les choses concrètes, le second semble se satisfaire de sa pure universalité, et n'essaie pas de démontrer la richesse de son contenu interne. L'imagination papillonnante du Persan se pose, comme enivrée, de fleur en fleur, et semble incapable de considérer le jardin dans son ensemble. Pour cette raison, ses pensées et émotions les plus profondes s'expriment principalement dans des vers discontinus (ghazal) qui révèlent toute la subtilité de son âme d'artiste. L'Hindou, tout en admettant, comme le Persan, la nécessité d'une source plus élevée de connaissance, se meut pourtant calmement d'expérience en expérience, les disséquant impitoyablement, et les forçant à révéler l'universalité qui leur est sous-jacente. En fait, le Persan n'est qu'à demi conscient de la métaphysique en tant que système de pensée; en revanche, son frère brahmaniste est pleinement conscient de la nécessité de présenter sa théorie sous forme d'un système pleinement raisonné. Et le résultat de cette différence de mentalité entre les deux notions est clair. Dans l'un des cas, nous avons des systèmes de pensée qui ne sont que partiellement élaborés; dans l'autre cas, la terrible majesté du pénétrant Védanta. L'étudiant du mysticisme islamique qui désire trouver un exposé complet du principe de l'Unité, doit examiner les lourds volumes de l'Andalou Ibn al-Arabi, dont les profonds enseignements présentent un étrange contraste avec l'Islam desséché de ses compatriotes.

Cependant, les résultats de l'activité intellectuelle des diverses branches de la grande famille aryenne se ressemblent de manière frappante. La conséquence de toute la spéculation idéaliste dans l'Inde est le Bouddha, en Perse c'est Baha'ullah, et en Occident, Schopenhauer dont la doctrine constitue, pour parler à la façon de Hegel, le mariage de la libre universalité orientale avec le déterminisme occidental.

Mais l'histoire de la pensée persane présente un phénomène qui lui est particulier. En Perse, à cause peut-être d'influences sémites, la spéculation philosophique s'est indissolublement associée à la religion, et les penseurs originaux furent presque toujours fondateurs de nouveaux mouvements religieux. Après la conquête arabe, nous voyons toutefois la philosophie pure séparée de la religion par les aristotéliciens néo-platoniciens de l'Islam, mais cette coupure ne sera qu'un phénomène passager. La philosophie grecque, bien qu'elle *fût une plante exotique dans le sol de la Perse, devint finalement partie intégrante de la pensée persane : et les penseurs ultérieurs, critiques aussi bien que défenseurs de la sagesse grecque, parlaient le langage philosophique d'Aristote et de Platon, tout en étant principalement influencés par des préjugés religieux. Il est nécessaire de ne pas perdre de vue ce fait, si l'on veut comprendre de façon approfondie la pensée persane post-islamique.*

L'objet de notre recherche consiste, comme on le verra, à préparer une base pour une future histoire de la métaphysique persane. Dans un compte rendu dont l'objet est purement historique, on ne peut attendre de pensée originale; cependant, je me permets de faire remarquer les deux points suivants :

1. Je me suis efforcé de retracer la continuité logique de la pensée persane, et j'ai tenté de l'interpréter dans le langage de la philosophie moderne. Ceci, à ma connaissance, n'avait pas été fait ;

2. J'ai étudié le soufisme de façon plus scientifique, et me suis efforcé d'indiquer les conditions intellectuelles qui furent à l'origine de ce phénomène. Contrairement à l'opinion généralement admise, j'ai essayé de montrer que le soufisme est le produit nécessaire du jeu des diverses forces intellectuelles et morales qui devaient éveiller l'âme ensommeillée à un idéal de vie supérieur.

En raison de mon ignorance du Zend, ma connaissance de Zoroastre n'est que de seconde main. En ce qui concerne la seconde partie de mon ouvrage, j'ai pu examiner les manuscrits persans et arabes originaux ainsi que de nombreux ouvrages imprimés en liaison avec mes recherches. Voici les noms des manuscrits persans et arabes dont j'ai tiré la plupart des données utilisées ici. La méthode de translittération adoptée est celle qui est reconnue par la Royal Asiatic Society.

Tarîkh al-Hukamâ *par Al-Baihaqîz, Bibliothèque royale de Berlin;* Sharhi Anwâriyya *(avec le texte original) par*

Mohammad Sharif, de Herat; Hikmat al-ᶜAïn, *par Al-Kâtibî;* à la Bibliothèque de l'*India Office* : Commentaire de Hikmat al-ᶜAïn, *par Mohammad ibn Mubârak Al-Bukhârî;* Commentaire de Hikmat al-ᶜAïn, *par Husainî;* ᶜAwarîf al-Maᶜârif, *par Shahâb Al-Dîn;* Mishkât al-Anwar, *par Al-Ghazâlî;* Kashf ul-Mahjûb, *par Ali Hujwirî;* Risalat-i Nafs, *traduit d'Aristote par Afdal Kâshî;* Risalat-i Mir Sayyid Sharîf; Khâtima, *par Sayyid Mohammad Gisûdarâz;* Manâzil al-Sâ'rin, *par Abdullah Ismaïl, de Hérat;* Jawîdan Nâma, *par Afdal Kashî;* à la Bibliothèque du British Museum : Târikh al-Hukamâ, *par Shahrazuri;* les œuvres d'Avicenne; Risâlat-i fi'l-Wujûd, *par Mîr Jurjanî;* à la Bibliothèque de l'*Université de Cambridge* : Jawidâni Kabîr, Jâmi Jahân Numâ, *et* Majmuᶜai Fârsî Risâlat-i, *par Al-Nasafi, n. 1 et 2, de la Bibliothèque de Trinity College.*

La philosophie persane
préislamique

1. Le dualisme persan

Si-Zoroastre

C'est à Zoroastre — l'antique sage de l'Iran — que doit toujours être attribuée la première place dans l'histoire intellectuelle des Aryens iraniens qui, las d'errer constamment, s'établirent comme agriculteurs à l'époque où l'on composait encore les hymnes védiques dans les plaines de l'Asie centrale. Ce nouveau mode de vie, et la stabilité de l'institution de la propriété qui en découla pour les colons, furent cause de la haine que leur portèrent les autres tribus aryennes qui ne s'étaient pas encore défait de leurs habitudes nomades primitives, et qui à l'occasion pillèrent leurs parents plus civilisés. Ainsi naquit un conflit entre deux modes de vie, lequel s'exprima d'abord dans la récusation de leurs divinités réciproques — les Dévas et les Ahuras. Ce fut réellement le début d'un long processus d'individualisation qui, graduellement, sépara la branche iranienne des autres tribus aryennes et se manifesta finalement dans le système religieux de Zoroastre — le grand

prophète de l'Iran, qui vécut et enseigna à l'époque de
Solon et de Thalès. A la faible lumière des recherches
orientalistes modernes, nous apercevons les anciens Iraniens divisés en deux camps — les partisans des puissances
du bien, et les partisans des puissances du mal. C'est alors
que ce grand sage prit part à leur furieuse controverse, et
avec son enthousiasme moral, bannit une fois pour toutes
le culte des démons aussi bien que les rites intolérables
des prêtres magistes [1].

Nous ne nous proposons pas de retracer l'origine et le
développement du système religieux de Zoroastre. Notre
but, ici, est de jeter un coup d'œil sur l'aspect métaphysique de sa révélation. Nous nous attacherons donc à la
trinité sacrée de la philosophie : Dieu, l'homme et la
nature.

Geiger, dans sa *Civilisation des Iraniens de l'Est dans
l'antiquité*, indique que Zoroastre hérita de ses ancêtres
aryens deux principes fondamentaux : il y a une loi dans
la nature, il y a conflit dans la nature.

C'est l'observation de la loi et du conflit dans le vaste
panorama de l'être qui constitue le fondement philosophique de son système. Le problème qui se présentait à lui
consistait à réconcilier l'existence du mal avec la bonté
éternelle de Dieu. Ses prédécesseurs adoraient un grand
nombre d'esprits qu'il réduisit tous à l'unité et qu'il
nomma Ahuramazda. D'autre part, il ramena toutes les
puissances du mal à une unité analogue et l'appela Druj-Ahriman. Ainsi, grâce à un processus d'unification, il
arriva à deux principes fondamentaux qu'il considérait,
ainsi que le montre Haug, non pas comme deux activités
indépendantes, mais comme deux parties, ou plutôt deux
aspects du même être primordial. Le Dr Haug affirme
donc que le prophète de l'ancien Iran était, au point de
vue théologique, monothéiste, et au point de vue philosophique, dualiste [2]. Mais, affirmer qu'il existe des esprits
« jumeaux [3] » — créateurs de la réalité et de l'irréalité —

et en même temps considérer que ces deux esprits sont unis dans l'Être suprême [4], c'est virtuellement dire que le principe du mal constitue une partie de l'essence même de Dieu; et le conflit entre le bien et le mal n'est rien de plus que la lutte de Dieu contre lui-même. Son effort de réconciliation entre le monothéisme théologique et le dualisme philosophique comporte donc une faiblesse inhérente, et eut pour conséquence un schisme au sein des disciples du prophète. Les Zendiks [5] que le Dr Haug appelle hérétiques, mais qui étaient, je pense, certainement plus logiques que leurs adversaires, affirmaient l'indépendance réciproque des deux esprits originels, alors que les mages soutenaient leur unité. Les partisans de l'unité tentèrent, de différentes façons, de s'opposer aux Zendiks; mais le fait même qu'ils eurent recours à différentes phrases et expressions pour exprimer l'unité des « jumeaux primitifs » indique l'absence de satisfaction pour leurs propres explications philosophiques, et la force de la position de leurs adversaires. Shahrastânî [6] rapporte brièvement les diverses explications données par les mages. Les Zarwaniens considéraient la lumière et les ténèbres comme les fils du temps infini. Les Kiyumarthiyya affirment que le principe originel était la lumière, laquelle craignait une puissance hostile, et que c'était cette pensée d'un adversaire, mêlée à la peur, qui fut la cause de la naissance des ténèbres. Une autre secte des Zarwaniens affirme que le principe originel eut des doutes au sujet de quelque chose, et que ce doute produisit Ahriman. Ibn Hazm [7] parle d'une autre secte qui expliqua le principe des ténèbres en tant qu'obscuration d'une partie du principe fondamental de la Lumière elle-même.

Que l'on puisse ou non concilier le dualisme philosophique de Zoroastre avec son monothéisme, il est indiscutable que, du point de vue de la métaphysique, il a émis une suggestion profonde touchant la nature ultime de la réalité. Cette idée semble avoir influencé la philosophie grecque antique [8], aussi bien que la spéculation chrétienne gnostique primitive, et par son intermédiaire, quelques aspects de la pensée occidentale moderne [9]. Comme penseur, il est digne du plus grand respect, non seulement parce qu'il a abordé dans un esprit philosophique le problème de la multiplicité objective, mais aussi parce qu'il s'est efforcé, après avoir été amené à un dualisme métaphysique, de réduire sa dualité primordiale à une unité plus haute. Il semble avoir compris ce que le cordonnier mystique de l'Allemagne comprit bien longtemps après lui, à savoir que la diversité de la nature ne peut être expliquée sans que l'on postule un principe de négativité ou d'auto-différenciation dans la nature même de Dieu. Ses successeurs immédiats ne se rendirent cependant pas tout à fait compte de la signification profonde des suggestions de leur maître ; mais nous verrons par la suite de quelle façon les idées de Zoroastre trouvent une expression davantage spiritualisée dans quelques-uns des aspects plus tardifs de la pensée persane.

Quant à sa cosmologie, son dualisme le conduit à diviser pour ainsi dire l'univers tout entier en deux domaines de l'être — la réalité, c'est-à-dire la somme de toutes les bonnes créations découlant de l'activité créatrice de l'esprit bénéfique, et la non-réalité [10], c'est-à-dire la somme de toutes les créations mauvaises provenant de l'esprit hostile. Le conflit originel des deux esprits est manifesté dans les forces adverses de la nature : en conséquence, celle-ci présente une lutte continuelle entre les puissances du bien et les puissances du mal. Mais il faut se rappeler que rien n'intervient entre les esprits originels et leurs créations respectives. Les choses sont bonnes ou mauvaises parce qu'elles procèdent d'agents créateurs bons ou mauvais ; par leur propre nature, elles sont tout à fait indifférentes. La conception de la création, chez Zoroastre, est fondamentalement différente de celle de Platon et de Schopenhauer, pour lesquels les sphères de la réalité empirique reflètent des idées temporelles ou intemporelles qui, pour ainsi dire, sont médiates entre la réalité et l'apparence. Il existe, selon Zoroastre, seulement deux catégories d'existence, et l'histoire de l'univers n'est rien de plus qu'un conflit progressif entre les forces rangées respectivement dans ces deux catégories. De même que les autres choses, nous participons nous aussi à cette lutte, et notre devoir consiste à nous ranger du côté de la lumière qui finalement prévaudra et vaincra complètement l'esprit des ténèbres. La métaphysique du prophète iranien, comme celle de Platon, devient de l'éthique, et c'est dans le caractère particulier de l'aspect moral de sa pensée que l'influence de son milieu social est la plus apparente.

La conception zoroastrienne de la destinée de l'âme est très simple. Selon lui, l'âme est une création, non pas une partie de Dieu, comme l'affirmèrent plus tard les adorateurs de Mithra [11]. Elle a eu un commencement dans le temps ; mais elle peut arriver à la vie éternelle en luttant contre le mal sur la scène terrestre de son activité. Elle est libre de choisir entre les deux seules voies possibles — le bien et le mal — et, outre ce pouvoir de choisir, l'esprit de la lumière l'a douée des facultés suivantes : conscience [12], force vitale, âme — intellect, esprit — raison, *farawashi* [13] (sorte d'esprit tutélaire qui agit comme protecteur de l'homme dans son voyage vers Dieu).

Les trois dernières facultés [14] sont réunies après la mort et forment un tout indissoluble. L'âme vertueuse, quittant sa demeure de chair, est emportée vers des régions plus élevées, et doit traverser les plans d'existence suivants :
— le lieu des bonnes pensées ;
— le lieu des bonnes paroles ;
— le lieu des bonnes actions ;
— le lieu de la gloire éternelle [15], où l'âme individuelle s'unit au principe de la lumière sans perdre sa personnalité.

Mânî [16] et Mazdak [17]

Nous avons vu la solution donnée par Zoroastre au problème de la diversité, et la controverse théologique ou plutôt philosophique qui divisa l'église zoroastrienne. Le demi-persan Mânî — « le fondateur de la communauté sans Dieu », comme les chrétiens le dénommèrent par la suite — est d'accord avec ces zoroastriens qui professaient la doctrine du Prophète dans sa forme obvie, et aborde la question dans un esprit complètement matérialiste. Son père, persan d'origine, émigra de Hamadan à Babylone où Mânî naquit en 215 ou 216 de l'ère chrétienne — époque où les missionnaires bouddhistes commençaient à prêcher le Nirvana au pays de Zoroastre. Le caractère éclectique du système religieux de Mânî, son audacieuse extension de l'idée chrétienne de rédemption et la cohérence logique avec laquelle il affirme que le monde est essentiellement mauvais, ce qui motive une vie ascétique, lui donnèrent une réelle puissance; non seulement il influença la pensée chrétienne orientale et occidentale [18], mais encore il laissa des empreintes vagues sur l'évolution de la spéculation métaphysique en Perse. Abandonnant à l'orientalisme l'examen des sources du système religieux de Mânî, nous allons maintenant décrire et enfin déterminer la valeur philosophique de sa doctrine de l'origine de l'univers phénoménal.

Le gnostique paganisant, comme l'appelle Erdmann, enseigne que la diversité des choses provient du mélange de deux principes éternels — la lumière et les ténèbres — qui sont séparés et indépendants l'un de l'autre. Le principe de la lumière implique dix idées — douceur, connaissance, compréhension, mystère, intelligence, amour, conviction, foi, bienveillance et sagesse. De façon analogue le principe des ténèbres implique cinq idées éternelles — humidité, chaleur, feu, poison, obscurité. En même temps que ces deux principes primordiaux et rattachés à chacun d'eux, Mânî reconnaît l'éternité de l'espace et du temps, chacun impliquant respectivement les idées de connaissance, compréhension, mystère, intelligence, souffle, air, eau, lumière et feu. Dans l'obscurité — le principe féminin dans la nature — étaient cachés les éléments du mal qui, au cours des temps, se concentrèrent et produisirent la composition, pour ainsi dire, du diable à l'aspect hideux — principe de l'activité. Cet enfant, premier né du farouche sein des ténèbres, attaqua le domaine du roi et de la lumière qui, afin d'éviter son attaque perverse, créa le premier homme. Un grave conflit s'ensuivit entre les deux créatures, et eut pour résultat la défaite totale du premier homme. Le malin réussit alors à mélanger les cinq éléments d'obscurité aux cinq éléments de lumière. Sur quoi, le maître du domaine de la lumière ordonna à quelques-uns de ses anges de construire l'univers à partir de ces éléments mélangés en vue de libérer de leur prison les atomes de lumière. Mais la raison pour laquelle l'obscurité fut la première à attaquer la lumière est que cette dernière, étant bonne par essence, ne pouvait entreprendre le processus de mélange qui était essentiellement nuisible à elle-même. La position de la cosmologie de Mânî, vis-à-vis de la doctrine chrétienne, de la rédemption, est donc analogue à celle de la cosmologie hégélienne à l'égard de la doctrine de la trinité. Pour lui, la rédemption est un processus physique, et toute procréation, étant donné qu'elle prolonge l'emprisonnement de la lumière, est contraire au but et à l'objet de l'univers. Les atomes de lumière emprisonnés sont constamment libérés de l'obscurité qui est rejetée dans le précipice sans fond entourant l'univers. La lumière libérée, toutefois, arrive au soleil et à la lune, d'où elle est apportée par les anges jusqu'à la région de la lumière, demeure éternelle du roi du paradis — « *Pir-i-vazargii* », le père de la grandeur.

Ceci est un bref résumé de la cosmologie fantastique de Mânî [19]. Il rejette l'hypothèse zoroastrienne d'agents créateurs pour expliquer le problème de l'existence objective. Assumant une vue profondément matérialiste de la question, il attribue l'univers phénoménal au *mélange* de deux principes éternels, indépendants, dont l'un (l'obscurité) est non seulement une partie de la matière universelle, mais aussi la source où l'activité réside, sommeillant pour ainsi dire et d'où elle s'élance dans l'être lorsqu'arrive le moment favorable. L'idée essentielle de sa cosmologie présente une ressemblance curieuse avec celle du grand penseur Hindou Kapila, qui rend compte de la production de l'univers par l'hypothèse des trois gunas, à savoir *sattwa* (le bien), *tamas* (l'obscurité) et *rajas* (le mouvement de la passion) qui s'unissent ensemble pour former la nature, lorsque l'équilibre de la matière primordiale *(prakriti)* est bouleversé. Parmi les diverses solutions [20] du problème de la diversité que les védantistes résolurent en postulant le mystérieux pouvoir de « Maya » et que Leibniz, longtemps après, expliqua au moyen de sa doctrine de l'identité des indiscernables, la solution de Mânî, bien qu'enfantine, doit trouver place dans l'évolution historique des idées philosophiques. Sa valeur philosophique peut être insignifiante ; mais une chose est certaine, c'est que Mânî fut le premier à suggérer que l'univers est dû à l'activité du démon... et donc essentiellement mauvais, postulat qui me semble constituer la seule justification logique d'un système qui prêche la renonciation comme principe directeur de vie. A notre époque, Schopenhauer a été conduit à la même conclusion, bien que, à la différence de Mânî, il suppose que le principe de l'objectivation ou individualisation — « la tendance pécheresse » de la volonté de vivre — existe en la nature même de la volonté primordiale et non pas indépendamment d'elle.

Étudions maintenant le remarquable socialiste de la

Perse antique, Mazdak. Cet ancien prophète du communisme apparut durant le règne d'Anushirwan le Juste (531-578 AD) et constitua une autre réaction dualiste contre la doctrine zarwanienne prédominante [21]. Mazdak, comme Mânî, enseignait que la diversité des choses provient du mélange de deux principes indépendants, éternels, qu'il dénomme *shîd* (la lumière) et *târ* (l'obscurité). Mais il diffère de son prédécesseur en ce qu'il affirme que le fait de leur mélange, aussi bien que leur séparation finale, sont complètement accidentels et ne résultent nullement d'un choix. Le Dieu de Mazdak est doué de sensation, et possède quatre énergies principales dans sa présence éternelle — pouvoir de discrimination, de mémoire, de compréhension, de joie. Ces quatre énergies ont quatre manifestations personnelles qui, avec l'assistance de quatre autres personnes, dirigent le cours de l'univers. La diversité dans les choses et les hommes est due aux combinaisons variées des principes premiers.

Mais le trait le plus caractéristique de l'enseignement de Mazdak est son communisme, qui constitue évidemment un reflet de l'esprit cosmopolite de la philosophie de Mânî. Tous les hommes, dit Mazdak, sont égaux; et la notion de propriété individuelle a été introduite par les démons hostiles dont le but était de transformer l'univers de Dieu en une scène de misère sans fin. C'est surtout cet aspect de l'enseignement de Mazdak qui était le plus choquant pour la conscience zoroastrienne et qui amena finalement la destruction de son immense parti, bien que le maître ait été supposé avoir miraculeusement fait parler le feu sacré, et lui avoir fait témoigner de la vérité de sa mission.

Coup d'œil rétrospectif

Nous avons vu quelques-uns des aspects de la pensée persane pré-islamique, bien que, en raison de notre ignorance des tendances de la pensée sassanide, ainsi que des conditions politiques, sociales et intellectuelles qui déterminèrent son évolution, nous n'ayions pas pu retracer pleinement la continuité des idées. Les nations, aussi bien que les individus, dans leur histoire intellectuelle, commencent par l'objectif. Quoique la ferveur morale de Zoroastre ait donné une coloration spirituelle à sa théorie de l'origine des choses, cependant le résultat réel de cette période de la spéculation persane n'est rien de plus qu'un dualisme matérialiste. Le principe de l'unité, en tant que raison philosophique de tout ce qui existe n'est que confusément perçu à cette phase de l'évolution intellectuelle en Perse. La controverse parmi les disciples de Zoroastre montre que le mouvement tendant à une conception moniste de l'univers avait commencé; mais nous ne possédons malheureusement aucune preuve nous permettant une affirmation positive en ce qui concerne les tendances panthéistes de la pensée persane pré-islamique. Nous savons qu'au 6e siècle de notre ère, Diogène, Simplicius et d'autres penseurs néo-platoniciens furent obligés par la persécution de Justinien de chercher un refuge à la Cour du tolérant Anushirwan. Ce grand monarque, toutefois, se fit traduire de nombreux ouvrages du sanscrit et du grec, mais nous n'avons pas de preuve historique montrant dans quelle mesure ces événements influencèrent en fait le cours de la pensée persane. Passons donc maintenant à l'avènement de l'Islam en Perse; celui-ci détruisit complètement l'ancien ordre des choses, et apporta à l'esprit pensant le concept nouveau d'un monothéisme intransigeant, ainsi que le dualisme grec de Dieu et de la matière, se distinguant du dualisme purement persan de Dieu et du démon.

L'avènement de l'Islam
et l'introduction
de la pensée grecque

2. Les aristotéliciens néo-platoniciens de Perse

Avec la conquête arabe de la Perse commença une nouvelle ère dans l'histoire de la pensée persane. Mais les fils guerriers de l'Arabie dont les glaives, à Nahâwand, mirent fin à l'indépendance politique de ce peuple antique, ne purent guère porter atteinte à la liberté intellectuelle du zoroastrien converti. La révolution politique suscitée par la conquête arabe marque le début d'une influence réciproque entre les Aryens et les Sémites, et nous voyons que le Persan, tout en laissant son existence devenir — à la surface — très sémitisée, convertit tranquillement l'Islam à ses propres habitudes de pensée. En Occident, la raisonnable intelligence hellénique interpréta une autre religion sémitique, le Christianisme; et, dans les deux cas, les résultats de l'interprétation présentent une ressemblance frappante. Dans chaque cas, le but poursuivi par l'intellect qui interprète, c'est d'adoucir l'extrême rigidité d'une loi absolue imposée du dehors à l'individu; en un mot, c'est une tentative d'intériorisation de l'extérieur. Ce processus de transformation commença avec l'étude de la pensée grecque qui, bien que combinée à d'autres causes, entrava le développement de la spéculation autochtone et cependant marqua une transition entre l'attitude purement objective de la philosophie persane pré-islamique et l'attitude subjective des penseurs ultérieurs. C'est, je crois, en grande partie à cause de l'influence de la pensée étrangère que la vieille tendance moniste revêtit, lorsqu'elle réapparut vers la fin du 8e siècle, un aspect bien plus spirituel; et, dans son évolution ultérieure, revivifia et spiritualisa le vieux dualisme iranien de la lumière et des ténèbres. Ainsi, le fait que la pensée grecque donna une vie nouvelle à la subtile intelligence persane, contribua à l'évolution intellectuelle de la Perse et fut finalement assimilée par elle, nous est une raison suffisante pour examiner rapidement, fût-ce au risque de nous répéter, les doctrines des néo-platoniciens persans qui ne méritent pas qu'on leur accorde beaucoup d'attention dans une histoire de la pensée purement persane.

Il faut toutefois se rappeler que la sagesse grecque s'écoula vers l'Orient musulman à travers le Harran et la Syrie. Les Syriens reprirent la spéculation grecque la plus récente, c'est-à-dire le néo-platonisme, et transmirent aux musulmans ce qu'ils croyaient être la véritable philosophie d'Aristote. Il est surprenant que les philosophes musulmans, Arabes aussi bien que Persans, continuèrent à se quereller au sujet de ce qu'ils croyaient être le véritable enseignement d'Aristote et de Platon, et il ne leur apparut jamais que, pour comprendre à fond leurs philosophies, la connaissance de la langue grecque était absolument nécessaire. Si grande était leur ignorance qu'une traduction abrégée des *Ennéades* de Plotin fut acceptée comme « Théologie d'Aristote ». Il leur fallut des siècles pour tenter de comprendre les deux grands maîtres de la pensée grecque; et il est douteux qu'ils les comprirent jamais complètement. Avicenne est certainement plus clair et plus original que Al-Fârâbî et Ibn

Maskawaih [1] ; et l'andalou Averroès, bien que plus proche d'Aristote qu'aucun de ses prédécesseurs, est cependant loin d'avoir complètement pénétré sa philosophie. Il serait cependant injuste de les accuser d'imitation servile. Leurs spéculation représente un essai continuel pour se frayer un passage à travers la masse désespérante d'absurdités introduites par les traducteurs négligents de la philosophie grecque. Ils eurent à repenser dans une grande mesure les philosophies d'Aristote et de Platon. Leurs commentaires constituent, pour ainsi dire, un effort vers la découverte, non un exposé. Les circonstances mêmes, qui ne leur laissèrent pas le temps de construire des systèmes de pensée indépendants, indiquent un esprit subtil, malheureusement enfermé et claquemuré par un amas de sottises qui durent être éliminées peu à peu grâce à un patient labeur, séparant ainsi la vérité de l'erreur. Après ces remarques préliminaires, étudions maintenant individuellement les analystes ou commentateurs persans de la philosophie grecque.

Ibn Maskawaih [2]

Laissant de côté les noms de Sarakhsî [3] Fârâbî, qui était Turc, et du médecin Râzî (mort en 932 après JC), lequel, fidèle à ses habitudes de pensée persanes, considérait la lumière comme la première création, et croyait à l'éternité de la matière, de l'espace et du temps, nous arrivons au nom illustre de Abu'Ali Mohammad Ibn Mohammad Ibn Ya'qûb, connu généralement sous le nom d'Ibn Maskawaih. Il était trésorier du sultan Buyide Adad ud-Daula, et fut l'un des plus éminents penseurs théistes, médecins, moralistes et historiens de la Perse. Voici un bref aperçu de sa doctrine d'après son œuvre célèbre, *Al-Fauz al-Asghar*, publiée à Beyrouth.

1. *L'existence du principe ultime*

Ici, Ibn Maskawaih suit Aristote, et reproduit son argumentation basée sur le fait du mouvement physique. Tous les corps possèdent la faculté de se mouvoir qui leur est nécessaire, faculté qui comprend toutes les modalités de changement, et ne provient pas de la nature des corps eux-mêmes. Le mouvement nécessite donc une source extérieure, ou premier moteur. L'hypothèse que le mouvement pourrait constituer l'essence même des corps est démentie par l'expérience. L'homme, par exemple, a le pouvoir de se mouvoir librement; mais, selon l'hypothèse ci-dessus, différentes parties de son corps doivent continuer à se mouvoir même après avoir été séparées les unes des autres. La série des causes du mouvement doit donc s'arrêter à une cause qui, elle-même immuable, fait mouvoir tout le reste. L'immobilité de la cause première est essentielle, car supposer le mouvement dans la cause première nécessiterait une régression infinie, ce qui est absurde.

Le moteur immuable est unique. Une multiplicité de moteurs originels doit impliquer quelque chose de commun dans leur nature, de telle sorte qu'ils puissent être rangés dans la même catégorie. Elle doit aussi impliquer quelque point de différence afin de les distinguer entre eux. Mais cette identité et différence partielles nécessitent qu'il y ait composition dans leurs essences respectives; et la composition étant une forme du mouvement ne peut, ainsi que nous l'avons montré, exister dans la première cause du mouvement. Le premier moteur est, en outre, éternel et immatériel. Étant donné que le passage de la non-existence à l'existence est une forme de mouvement, et puisque la matière est toujours soumise à une sorte de mouvement, il s'ensuit qu'une chose qui n'est pas éternelle, ou qui est associée à la matière, doit être en mouvement.

2. La connaissance de l'ultime

Toute connaissance humaine commence à partir de sensations qui se transforment graduellement en perceptions. Les premières étapes de l'intellection sont complètement conditionnées par la présence de la réalité extérieure. Mais le progrès de la connaissance implique la possibilité de penser sans être conditionné par la matière. La pensée commence avec la matière, mais son but est de se libérer peu à peu de la condition première de sa propre possibilité. Une phase plus élevée est donc atteinte par l'imagination — pouvoir de reproduire et de retenir dans l'esprit la copie eu l'image d'un objet, sans se référer à l'objectivité extérieure de la chose elle-même. Dans la formation des concepts, la pensée atteint une phase encore plus haute quant à la libération de la matérialité; bien que le concept, dans la mesure où il résulte de la comparaison et de l'assimilation de perceptions, ne puisse être considéré comme s'étant complètement libéré de la cause grossière des sensations. Mais le fait que la conception se fonde sur la perception ne doit pas nous conduire à ignorer la grande différence de nature entre le concept et la perception. L'individuel — perception — subit des changements continuels qui affectent le caractère de la connaissance fondée sur la simple perception. La connaissance individuelle est donc dépourvue d'un élément de permanence. Au contraire, l'universel — concept — n'est pas affecté par la loi du changement. Les individus changent; l'universel demeure intact. C'est l'essence de la matière que de se soumettre à la loi du changement : plus une chose est libérée de la matière, moins elle est susceptible de changement. Dieu, étant absolument libre par rapport à la matière, est donc absolument immuable; et c'est Sa complète liberté vis-à-vis de la matérialité qui rend notre conception de Lui difficile ou impossible. Le but de toute éducation philosophique est de développer le pouvoir d'« idéation » ou de contemplation de purs concepts, afin qu'une pratique constante puisse rendre possible la conception de ce qui est absolument immatériel.

3. *Comment l'Un crée le multiple*

A ce propos, il est nécessaire, afin d'être clair, de diviser les recherches d'Ibn Maskawaih en deux parties :
a. Que l'agent ou cause ultime a créé l'univers de rien. Les matérialistes, dit-il, soutiennent que la matière est éternelle, et attribuent la forme à l'activité créatrice de Dieu. Il est cependant admis que, lorsque la matière passe d'une forme à une autre, la forme précédente devient absolument inexistante. Car si elle ne devient pas absolument non-existante, il lui faut soit passer dans un autre corps, soit continuer à exister dans le même corps. La première alternative est contredite par l'expérience quotidienne. Si nous transformons une boule de cire en un carré solide, la rotondité originelle de la boule ne passe pas dans un autre corps. La seconde alternative est également impossible, car il faudrait nécessairement en conclure que deux formes contradictoires, à savoir la circularité et la longueur, peuvent exister dans un même corps. Il s'ensuit donc que la forme originelle passe dans la non-existence absolue lorsque la nouvelle forme prend naissance. Cet argument prouve que les attributs, c'est-à-dire la forme, la couleur, etc., viennent à l'existence à partir du pur néant. Afin de comprendre que la substance est aussi non-éternelle, comme l'attribut, il nous faut saisir la vérité contenue dans les propositions suivantes :
— l'analyse de la matière a pour résultat un certain nombre d'éléments différents, dont la diversité se réduit à un seul élément simple;
— la forme et la matière sont inséparables : aucun changement dans la matière ne peut annihiler la forme.
De ces deux propositions, Ibn Maskawaih conclut que la

substance a eu un commencement dans le temps. La matière, de même que la forme, doit avoir commencé à exister, puisque l'éternité de la matière nécessite l'éternité de la forme qui, ainsi que nous l'avons vu, ne peut être considérée comme éternelle.
  b. Le processus de la création. Quelle est la cause de cette immense diversité que nous rencontrons de toutes parts ? Comment le multiple a-t-il pu être créé par l'unique ? Lorsque, dit le philosophe, une cause unique produit un certain nombre d'effets différents, leur multiplicité peut dépendre de l'une quelconque des raisons suivantes :
— la cause peut posséder des pouvoirs divers. L'homme, par exemple, étant une combinaison d'éléments et de pouvoirs divers, peut être la cause d'actions variées ;
— la cause peut utiliser divers moyens pour produire une diversité d'effets ;
— la cause peut opérer sur une diversité de matériaux.
  Aucune de ces propositions ne peut être vraie de la nature de la cause ultime — Dieu. Qu'Il possède des pouvoirs divers, distincts les uns des autres, est manifestement absurde, étant donné que Sa nature ne saurait admettre la composition. S'Il est supposé avoir employé différents moyens pour produire la diversité, qui est le créateur de ces moyens ? Si ces moyens sont dus à l'activité créatrice d'une cause autre que la cause ultime, il y aurait une pluralité de causes ultimes. Si, d'autre part, la cause ultime a créé elle-même ces moyens, elle a eu recours à d'autres moyens pour créer ces moyens. La troisième proposition est elle aussi inadmissible en tant que conception de l'acte créateur. Le multiple ne peut découler de l'action causale d'un agent unique. Il s'ensuit donc qu'il n'existe qu'une solution de cette difficulté, à savoir que la cause ultime a créé une seule chose qui a conduit à la création d'une autre. Ibn Maskawaih énumère ici les émanations habituelles aux néo-platoniciens, émanations qui deviennent graduellement de plus en plus grossières jus-

qu'à ce que nous arrivions aux éléments primordiaux, lesquels se combinent afin de donner naissance à des formes de vie de plus en plus élevées. Shiblî résume ainsi la théorie de l'évolution d'Ibn Maskawaih [4] : « *La combinaison des substances premières produisit le règne minéral, forme la plus basse de la vie. Une phase plus élevée de l'évolution est atteinte dans le règne végétal. Ce qui apparaît en premier lieu c'est l'herbe qui pousse seule, puis viennent les plantes et les diverses espèces d'arbres, dont certains touchent à la limite du règne animal, dans la mesure où ils manifestent certaines caractéristiques animales. Entre le règne végétal et le règne animal existe une certaine forme de vie qui n'est ni animale, ni végétale, mais qui participe aux caractéristiques des deux (par exemple le corail). Le premier pas au-delà de cette phase intermédiaire de la vie, consiste dans le développement du pouvoir de mouvement, et dans le sens du toucher chez les tous petits vers qui rampent sur terre. Le sens du toucher, en raison du processus de différenciation, donne naissance à d'autres formes de sens, jusqu'à ce que nous arrivions au niveau des animaux supérieurs chez qui l'intelligence commence à se manifester en une gamme ascendante. L'humanité est effleurée chez le singe, lequel subit une évolution plus avancée et parvient graduellement à la station verticale et à un pouvoir de compréhension analogue à celui de l'homme. Ici finit l'animalité, ici commence l'humanité.* »

4. L'âme

Afin de comprendre si l'âme possède une existence indépendante, il nous faut examiner la nature de la connaissance humaine. La propriété essentielle de la matière est de ne pouvoir simultanément revêtir deux formes différentes. Pour transformer une cuillère d'argent en un verre d'argent, il est nécessaire que la forme de la cuillère, comme telle, cesse d'exister. Cette propriété est commune à tous les corps; et un corps qui en serait dépourvu ne

pourrait être considéré comme un corps. Or, si nous étudions la nature de la perception, nous voyons qu'il y a un principe dans l'homme qui, dans la mesure où il est capable de savoir plus d'une chose à la fois, peut revêtir, pour ainsi dire, plusieurs formes différentes simultanément. Ce principe ne peut être la matière, puisqu'il est dépourvu de la propriété fondamentale de la matière. L'essence de l'âme consiste dans le pouvoir de percevoir un certain nombre d'objets dans un seul et même moment du temps. Mais on peut objecter que le principe – âme peut être soit matériel dans son essence, soit fonction de la matière. Il y a cependant des raisons de montrer que l'âme ne peut pas être une fonction de la matière :
a. Une chose qui peut assumer différentes formes et états ne peut être elle-même l'une de ces formes ou états. Un corps qui reçoit différentes couleurs doit être, par sa propre nature, sans couleur. L'âme, dans sa perception des objets extérieurs, assume pour ainsi dire des formes et des états variés ; elle ne peut en conséquence être considérée comme l'une de ces formes. Ibn Maskawaih semble ne pas approuver la psychologie universitaire de son temps ; pour lui, les différents états mentaux sont des transformations diverses de l'âme elle-même.
b. Les attributs changent constamment ; il doit exister, au-delà de la sphère du changement, quelque substrat permanent qui soit le fondement de l'identité personnelle.

Ayant montré que l'âme ne peut être considérée comme une fonction de la matière, Ibn Maskawaih se met en devoir de prouver qu'elle est par essence immatérielle. Voici quelques-uns de ses arguments :
— les sens, après avoir perçu un stimulus fort, ne peuvent, pendant un certain laps de temps, percevoir un stimulus plus faible. Il en va néanmoins tout différemment pour l'acte mental de la cognition ;
— lorsque nous réfléchissons à un sujet difficile, nous nous efforçons de fermer complètement nos yeux à tous les

objets qui nous entourent, car nous les considérons comme autant d'empêchements à une activité spirituelle. Si l'âme est matérielle dans son essence, elle n'a pas besoin, pour se ménager une activité que rien n'entrave d'échapper au monde de la matière;

— la perception d'un stimulus fort affaiblit et parfois blesse les sens. Au contraire, l'intellect acquiert de la vigueur par la connaissance d'idées et de conceptions générales;

— la faiblesse physique due à la vieillesse ne porte pas atteinte à la force mentale;

— l'âme peut concevoir certaines propositions qui n'ont pas de rapports avec les données sensorielles. Les sens, par exemple, ne peuvent percevoir que deux contradictions, ne peuvent exister ensemble.

Il y a en nous un certain pouvoir qui gouverne les organes physiques, corrige les erreurs sensorielles et unifie toute connaissance. Ce principe d'unification, qui réfléchit sur le matériel qui lui est apporté par le canal des sens et qui, pesant le témoignage de chaque sens, décide du caractère d'indications opposées, doit lui-même se trouver au-dessus du domaine de la matière.

La force conjuguée de ces considérations, dit Ibn Maskawaih, établit de façon concluante que l'âme est par essence immatérielle. L'immatérialité de l'âme signifie son immortalité, puisque la mortalité est une caractéristique de ce qui est matériel.

Avicenne [5]

Parmi les anciens philosophes persans, seul Avicenne s'efforça de construire son propre système de pensée. Son œuvre, appelée « Philosophie orientale », existe encore; et il nous est aussi parvenu un fragment [6] dans lequel le philosophe a exprimé son opinion sur l'action universelle de la force de l'amour dans la nature. Cela ressemble à l'esquisse d'un système, et il est très probable que les idées qui y sont exprimées furent par la suite pleinement développées.

Avicenne définit l'amour comme l'appréciation de la beauté; et, partant de cette définition, il explique qu'il y a trois catégories d'êtres :
— les entités qui sont au plus haut point de la perfection;
— les entités qui sont au point le plus bas de la perfection;
— les entités qui se trouvent entre les deux pôles de la perfection.

Mais cette troisième catégorie est dépourvue d'existence réelle, étant donné qu'il y a des choses qui ont déjà atteint le summum de la perfection. Cet effort à la recherche de l'idéal, c'est la démarche de l'amour vers la beauté qui, selon Avicenne, est identique à la perfection. Sous l'évolution des formes est la force de l'amour qui réalise toute recherche, tout mouvement, tout progrès. Les choses sont constituées de telle sorte qu'elles haïssent la non-existence et aiment la joie de l'individualité sous des formes variées. La matière indifférenciée, morte par elle-même, revêt (ou plutôt est amenée à revêtir) par la force interne de l'amour, des formes diverses et s'élève de plus en plus haut dans l'échelle de la beauté. L'action de cette forme ultime, sur le plan physique, peut être indiquée de la façon suivante :
a. Les objets inanimés sont des combinaisons de forme, matière et qualité. En raison de l'action de cette puissance mystérieuse, la qualité s'attache à son sujet ou substance; et la forme embrasse la matière indifférenciée qui, poussée par la grande force de l'amour, s'élève de forme en forme.
b. La force de l'amour a tendance à se centraliser. Dans le règne végétal, elle atteint un degré plus élevé d'unité ou de centralisation, bien que l'âme soit encore dépourvue de cette unité d'action qu'elle atteint par la suite. Les processus de l'âme végétative sont : l'assimilation, la croissance, la reproduction.

Ces processus, toutefois, ne sont rien de plus qu'autant de manifestations de l'amour. L'assimilation indique l'attraction et la transformation de ce qui est externe en ce qui est interne. La croissance est l'amour de la réalisation d'une harmonie des parties toujours plus grande; et la reproduction signifie la perpétuation de l'espèce, qui n'est qu'une autre phase de l'amour.

c. Dans le règne animal, les diverses opérations de la force d'amour sont encore plus unifiées. Elle permet à l'instinct végétal d'agir dans différentes directions; il y a également le développement du tempérament qui constitue un pas vers une unité davantage affirmée. Chez l'homme, cette tendance vers l'unification se manifeste dans la conscience de soi. La même force « d'amour naturel ou constitutionnel » agit dans la vie d'êtres plus élevés que l'homme. Toutes choses se meuvent vers le Bien-Aimé, la beauté éternelle. La valeur d'une chose est déterminée par son rapprochement ou son éloignement de ce principe ultime.

En tant que médecin, Avicenne est particulièrement intéressé par la nature de l'âme. En outre, de son temps, la doctrine de la métempsychose se répandait. Il discute donc de la nature de l'âme en se proposant de montrer la fausseté de cette doctrine. Il est difficile, dit-il, de définir l'âme, étant donné qu'elle manifeste des pouvoirs et des tendances différentes à des niveaux différents de l'être. Sa conception des diverses puissances de l'âme peut être représentée ainsi :

Manifestation en tant qu'activité inconsciente

— agissant dans différentes directions (âme végétative) :
  1. assimilation,
  2. croissance,
  3. reproduction;
— agissant dans une direction unique et assurant une uniformité d'action (croissance du tempérament).

Manifestation en tant qu'activité consciente

— dirigée vers plus d'un objet

âme animale

animaux inférieurs :
— pouvoirs de perception,
— pouvoirs de motivation (désir du plaisir, et éloignement de la souffrance).

homme :
— pouvoirs de perception :
  1. cinq sens externes,
  2. cinq sens internes : sensorium, rétention des images, conception, imagination, mémoire.
  Ils constituent les cinq sens internes de l'âme qui, dans l'homme, se manifeste comme raison progressive, évoluant de la raison humaine à la raison angélique et prophétique.
— pouvoirs de motivation (volonté).

Dans son fragment sur *nafs* (l'âme), Avicenne s'efforce de montrer que l'âme n'a pas besoin d'accompagnement matériel. Ce n'est pas par l'intermédiaire du corps ou de quelque faculté du corps que l'âme conçoit ou imagine; car si l'âme a nécessairement besoin d'un agent physique pour concevoir d'autres choses, elle doit avoir besoin d'un corps différent afin de concevoir le corps qui lui est à elle-même attaché. Et le fait que l'âme ait immédiatement conscience d'elle-même — consciente d'elle-même par elle-même — montre de façon concluante qu'en son essence l'âme est complètement indépendante de tout phénomène physique. La doctrine de la métempsychose implique également une préexistence individuelle. Mais à supposer que l'âme ait bien existé avant le corps, elle doit avoir existé soit comme une, soit comme plusieurs. La multiplicité des corps est due à la multiplicité des formes matérielles et n'indique pas la multiplicité des âmes. Par ailleurs, si elle existait comme une, l'ignorance ou la connaissance de A doit signifier l'ignorance ou la connaissance de B, puisque l'âme est une dans les deux. Ces catégories ne peuvent donc être appliquées à l'âme. La vérité, dit Avicenne, est que le corps et l'âme sont contigus l'un à l'autre, mais complètement opposés dans leurs essences respectives. La désintégration du corps ne cause pas l'annihilation de l'âme. La dissolution ou la décadence est une propriété des corps composés et non des substances simples, individuelles, idéales. Avicenne nie donc la préexistence et s'efforce de montrer la possibilité d'une vie consciente désincarnée au-delà de la tombe.

Nous avons passé en revue les œuvres des néo-platoniciens persans parmi lesquels, ainsi que nous nous en sommes aperçus, seul Avicenne apprit à penser par lui-même. Des générations de ses disciples — Behmenyâr, Abu'l-Ma'mûm d'Ispahan, Ma'sûmî, Abu'l-Abbâs, Ibn Tâhir [7] — qui continuèrent la philosophie de leur maître, il ne nous est pas nécessaire de parler. La personnalité d'Avicenne exerçait une telle fascination que longtemps même après qu'il eût disparu, toute amplification ou modification de ses opinions était considérée comme un crime impardonnable. La vieille idée iranienne du dualisme de la lumière et des ténèbres n'agit pas comme facteur déterminant du progrès des idées néo-platoniciennes en Perse, lesquelles pendant un temps, empruntèrent une vie indépendante et finalement confondirent leur existence séparée dans le courant général de la spéculation persane. Elles ne se rattachent donc au développement de la pensée indigène que dans la mesure où elles contribuèrent à la force et à l'expansion de cette tendance moniste qui se manifesta de bonne heure dans la doctrine de Zoroastre. Et bien que pour un temps cette tendance fut réfrénée par les controverses théologiques de l'Islam, elle s'imposa avec vigueur dans les époques postérieures, et finit par étendre son emprise gigantesque sur toutes les œuvres intellectuelles antérieures du pays qui lui avait donné naissance.

3. Les progrès et le déclin du rationalisme dans l'Islam

La métaphysique du rationalisme ; le matérialisme

L'esprit persan, s'étant adapté au nouveau milieu politique, réaffirme bientôt sa liberté innée et commence à se retirer du champ de l'objectivité, afin de revenir à lui-même et de méditer sur les données fournies par ce voyage hors de sa propre intériorité. Grâce à l'étude de la pensée grecque, l'esprit qui était presque perdu dans le concret se met à réfléchir et à se rendre compte qu'il est l'arbitre de la vérité. La subjectivité s'affirme, et s'efforce de se substituer à toute autorité extérieure. Une telle période dans l'histoire intellectuelle d'un peuple doit être l'époque du rationalisme, du scepticisme, du mysticisme, de l'hérésie, attitudes où l'esprit humain, entraîné par la force croissante de la subjectivité, rejette toutes les normes extérieures de la vérité. Et c'est bien ainsi qu'est l'époque que nous allons évoquer.

La période de la domination omayade est consacrée à

un processus de fusion et d'adaptation aux nouvelles conditions de vie; mais avec l'arrivée au pouvoir de la dynastie des Abbassides et l'étude de la philosophie grecque, la puissance intellectuelle refoulée de la Perse s'exprime de nouveau, avec éclat, et manifeste une merveilleuse activité dans tous les domaines de la pensée et de l'action. La vigueur intellectuelle neuve qu'apportait l'assimilation de la philosophie grecque, que l'on étudiait avec une grande ardeur, conduisit immédiatement à un examen critique du monothéisme islamique. La théologie, vivifiée par la ferveur religieuse, apprit à parler le langage de la philosophie avant que la froide raison n'ait commencé à chercher un coin retiré, loin du bruit des controverses, afin de construire une théorie cohérente des choses. Dans la première partie du 8ᵉ siècle, nous voyons Wâsil Ibn 'Atâ — disciple persan du célèbre théologien Hasan de Basra — donnant naissance au mu'tazilisme (rationalisme), mouvement extrêmement intéressant qui enrôla certains des esprits les plus fins de la Perse, et dont la force s'épuisa finalement dans les subtiles querelles métaphysiques de Bagdad et de Basra. La célèbre ville de Basra était devenue, en raison de sa situation commerciale, le lieu de rencontre de pensées diverses — philosophie grecque, scepticisme, christianisme, idées bouddhistes, manichéisme [1] — lesquelles fournissaient à l'esprit avide de connaître de l'époque une abondante nourriture spirituelle et elle constituait le milieu intellectuel du rationalisme islamique. Ce que Spitta appelle la période syrienne de l'histoire musulmane n'est pas caractérisée par des subtilités métaphysiques. Cependant, lors de l'avènement de la période persane, les étudiants musulmans de la philosophie grecque commencèrent à réfléchir vraiment à leur religion; et les penseurs mu'tazila [2] en vinrent graduellement à la métaphysique, qui est le seul objet de notre étude présente. Nous ne nous proposons pas de tracer l'histoire du *Kalam mu'tazila*; il nous suffira présentement d'indiquer ce qu'implique au point de vue métaphysique la conception mu'tazila de l'Islam. La conception de Dieu et la théorie de la matière sont donc les seuls aspects du rationalisme que nous nous proposons d'examiner ici.

La conception de l'unité de Dieu, à laquelle le mu'tazila arriva finalement grâce à une dialectique subtile, est l'un des points fondamentaux sur lesquels il diffère du musulman orthodoxe. Les attributs de Dieu, à son avis, ne peuvent être considérés comme lui étant inhérents; ils constituent l'essence même de Sa nature. Le mu'tazila nie donc la réalité séparée des attributs divins, et proclame leur identité absolue avec le principe divin abstrait. « *Dieu*, dit Abu'l-Hudhail, *est savant, tout puissant, vivant; et Sa science, Sa puissance et Sa vie constituent Son essence même (dhât)* [3]. » Afin d'expliquer l'unité pure de Dieu, Joseph Al-Basîr [4] pose les cinq principes suivants :
— supposition nécessaire de l'atome et de l'accident;
— supposition nécessaire d'un créateur;
— supposition nécessaire des conditions *(ahwâl)* de Dieu;
— rejet des attributs qui ne conviennent pas à Dieu;
— unité de Dieu en dépit de la pluralité de Ses attributs.

Cette conception de l'unité subit des modifications ultérieures, jusqu'à ce que, dans les mains de Mu'ammar et de Abu Hâshim, elle devint une possibilité purement abstraite au sujet de laquelle rien ne pouvait être affirmé. Nous ne pouvons, dit-il, affirmer la connaissance de Dieu [5], car Sa connaissance doit être connaissance de quelque chose en Lui-même. La première nécessite l'identité du sujet et de l'objet, ce qui est absurde; la seconde implique la dualité dans la nature de Dieu, ce qui est également impossible. Ahmad et Fadl [6], disciples de Nazzâm, reconnurent cependant cette dualité en soutenant que les créateurs originels étaient deux : Dieu (le principe éternel) et le verbe de Dieu : Jésus-Christ (le principe contingent). Mais il était réservé, comme nous le verrons, aux soufis de la Perse qui vinrent plus tard de faire ressortir plus pleinement l'élément de vérité contenu dans la seconde alternative suggérée par Mu'ammar. Il est donc clair que quelques-uns des rationalistes effleurèrent presque inconsciemment le panthéisme plus récent auquel, en un certain sens, ils préparèrent les voies, non seulement par leur définition de Dieu, mais aussi par leur commun effort pour intérioriser la rigide extériorité d'une loi absolue.

Mais la contribution la plus importante des défenseurs du rationalisme à la spéculation purement métaphysique est leur explication de la matière, que leurs adversaires — les Asharites — modifièrent par la suite pour l'accorder avec leurs propres opinions concernant la nature de Dieu. Nazzâm s'intéressait principalement à exclure tout arbitraire du cours ordonné de la nature [7]. Le même intérêt pour le naturalisme conduisit Al-Jâhiz à définir la volonté d'une façon purement négative [8]. Bien que les penseurs rationalistes aient refusé d'abandonner l'idée d'une volonté personnelle, ils s'efforçaient néanmoins de trouver une raison plus profonde à l'indépendance des phénomènes individuels naturels. Et cette raison, ils la trouvèrent dans la matière elle-même. Nazzâm enseignait l'infinie divisibilité de la matière et effaçait la distinction entre substance et accident [9]. L'existence était considérée comme une qualité sur-imposée par Dieu aux atomes matériels préexistants qui auraient été incapables de perception sans cette qualité. Muhammad Ibn Uthman, l'un des sheiks mu-'tazila, dit que Ibn Hazm [10] affirmait que le non-existant (l'atome dans son état préexistentiel) est un corps dans cet état; mais que, dans sa condition préexistentielle, il n'est ni en mouvement, ni au repos, et il n'est pas non plus dit qu'il est créé. La substance est donc un ensemble de qualités — goût, odeur, couleur — qui, en elles-mêmes, ne sont rien de plus que des potentialités matérielles. L'âme aussi est une sorte de matière plus fine; et les processus de la connaissance sont de simples mouvements mentaux. La création n'est que l'actualisation de potentialités préexistantes [11] *(tafra)*. L'individualité d'une chose qui est définie comme « *ce dont quelque chose peut être affirmé* [12] », n'est pas un facteur essentiel dans sa conception. L'ensemble de choses que nous dénommons l'univers est la réalité extériorisée ou perceptible qui pourrait, pour ainsi dire, exister indépendamment de toute perceptibilité. L'objet de ces subtilités métaphysiques est purement théologique. Dieu, pour le rationaliste, est une unité absolue qui ne peut, en aucun sens, admettre la pluralité et pourrait ainsi exister sans la pluralité perceptible — l'univers.

L'activité de Dieu consiste donc seulement à rendre les atomes perceptibles. Les propriétés de l'atome découlent de sa propre nature. Une pierre jetée en l'air retombe en raison de la propriété qui réside en elle [13]. Dieu, disent Al-Attâr de Basra et Bishr Ibn al-Mu'tamir, ne créa pas la couleur, la longueur, la largeur, le goût ou l'odeur — ce sont là des activités des corps eux-mêmes [14]. Même le nombre des choses dans l'univers n'est pas connu de Dieu [15]. Bishr Ibn al-Mu'tamir expliquait en outre les propriétés des corps par ce qu'il appelait *Tawallud* — interaction des corps [16]. Il est donc clair que les rationalistes étaient, au point de vue philosophique matérialistes, et au point de vue théologique, déistes.

Pour eux, la substance et l'atome sont identiques, et ils définissent la substance comme un atome emplissant l'espace qui, outre sa propriété de remplir l'espace, possède une certaine direction, la force et l'existence, qui constituent son essence même en tant qu'actualité. Sa forme est carrée; car si l'on suppose qu'il est rond, la combinaison de différents atomes ne serait pas possible [17]. Il y a cependant une grande différence d'opinions parmi les théoriciens de l'atomisme au sujet de la nature de l'atome. Certains prétendent que les atomes sont tous semblables les uns aux autres; tandis que Abu'l-Qâsim de Balkh les considère comme semblables aussi bien que dissemblables. Lorsque nous disons que deux choses sont semblables entre elles, nous ne voulons pas nécessairement dire qu'elles sont semblables dans tous leurs attributs. Abu'l-Qâsim diffère en outre de Nazzâm en affirmant l'indestructibilité de l'atome. Il prétend que l'atome a eu un commencement dans le temps; mais qu'il ne peut être complètement détruit. L'attribut de *baqa* (existence continuée), dit-il, ne donne pas à son objet un nouvel attribut autre que l'existence; et la continuité de l'existence n'est pas du tout un attribut additionnel. L'activité divine créa l'atome aussi bien que son existence continuée. Abu'l-Qâsim, cependant, admet que certains atomes ont pu ne pas être créés pour une existence continuée. Il nie aussi l'existence d'un espace intermédiaire entre les différents atomes et prétend contrairement aux autres représentants de l'école, que l'essence ou atome *(mâhiyyat)* ne pouvait rester essence en l'état de non-existence. Prétendre le contraire est une contradiction dans les termes. Dire que l'essence (qui est essence en raison de l'attribut de l'existence) pourrait demeurer essence en l'état de non-existence serait dire que l'existant pourrait rester existant dans l'état de non-existence. Il est évident qu'Abu'l-Qâsim se rapproche ici de la théorie asharite de la connaissance, laquelle porta une sérieuse atteinte à la théorie rationaliste de la matière.

Mouvements de pensée contemporains

A côté du développement du mu'tazilisme nous voyons, comme il est naturel en une période de grande activité intellectuelle, se manifester plusieurs autres tendances de la pensée dans les cercles religieux et philosophiques de l'Islam. Indiquons-les brièvement.

Le scepticisme : la tendance vers le scepticisme était la

conséquence naturelle de la méthode purement dialectique du rationalisme. Des hommes tels que Ibn Ashras et Al-Jâhiz, qui apparemment appartenaient au camp rationaliste, étaient en réalité des sceptiques. Le point de vue de Al-Jâhiz qui penchait vers un naturalisme déiste [18] est celui d'un homme cultivé de son époque, et non pas celui d'un théologien professionnel. On peut remarquer aussi en lui une réaction contre l'ergotage métaphysique de ses prédécesseurs et le désir d'étendre les limites de la théologie en faveur des illettrés qui sont incapables de réfléchir aux dogmes.

Le soufisme : appel à une source plus élevée de connaissance, qui fut d'abord systématisé par Dhu'l-Nûn, et devint de plus en plus approfondi et antiscolastique, par contraste avec l'intellectualisme desséché des Asharites. Nous examinerons cet intéressant mouvement dans le chapitre suivant.

Le réveil de l'autorité : l'ismaélisme, mouvement de caractère tout à fait persan qui, au lieu de repousser la libre pensée, s'efforce de se réconcilier avec elle. Bien que ce mouvement semble être sans rapport avec les controverses théologiques de l'époque, son lien avec la libre pensée est cependant fondamental. La similarité entre les méthodes pratiquées par les missionnaires ismaéliens et celles des partisans de l'association appelée Ikwân as-Safâ — Frères de la pureté — laisse entrevoir quelque relation secrète entre les deux institutions. Quel que soit le mobile de ceux qui lancèrent ce mouvement, sa signification, en tant que phénomène intellectuel, ne doit pas être perdue de vue. La multiplicité des opinions philosophiques et religieuses — conséquence nécessaire de l'activité en matière de spéculation — est apte à soulever des forces qui agissent contre cette multiplicité dangereuse du point de vue religieux. Dans l'histoire de la pensée européenne au 18e siècle, nous voyons Fichte débuter par une enquête sceptique concernant la nature de la matière puis se tourner vers le panthéisme. Schleirmacher fait appel à la foi, par opposition à la raison ; Jacobi indique une source de connaissance plus haute que la raison, tandis que Comte abandonne toute recherche métaphysique et limite toute connaissance à la perception sensorielle. De Maistre et Schlegel se reposent par ailleurs sur l'autorité d'un pape absolument infaillible. Les défenseurs de la doctrine de l'imâmat ont la même tournure de pensée que De Maistre ; mais il est curieux que les ismaéliens, tout en faisant de cette doctrine la base de leur église, aient permis le libre jeu de toutes sortes d'opinions.

Le mouvement ismaélien est donc l'un des aspects de la lutte incessante [19] que les Persans intellectuellement indépendants menèrent contre les idéaux religieux et politiques de l'Islam. La secte ismaélienne, originellement branche de la religion shi'ite, revêtit un caractère tout à fait cosmopolite avec 'Abdullâh Ibn Maimûn — l'ancêtre probable des caliphes fatimides d'Égypte — qui mourut à peu près à la même époque où naquit Al-Asharî, le grand adversaire de la libre pensée. Ce curieux homme imagina un vaste plan, dans lequel il emmêla d'innombrables fils de couleurs variées donnant lieu à une équivoque habilement construite, séduisante pour l'esprit persan à cause de son caractère mystérieux et de sa brumeuse philosophie pythagoricienne. Comme le mouvement des Frères de la pureté, il essaya, sous le pieux couvert de la doctrine de l'imâmat (autorité) de synthétiser toutes les idées prédominantes de l'époque. La philosophie grecque, le christianisme, le rationalisme, le soufisme, le manichéisme, les hérésies persanes — et par-dessus tout l'idée de la réincarnation — toutes furent invoquées pour contribuer à jouer leur rôle dans l'ensemble hardi de la doctrine ismaélienne, dont les divers aspects devaient être graduellement révélés à l'initié par le « chef » — la raison universelle s'incarnant toujours — selon le développement intellectuel de l'époque dans laquelle elle prévaut. Dans le mouvement ismaélien la libre pensée, appréhendant l'effondrement de son édifice toujours en train de s'accroître, cherche à reposer sur une base solide et, par une étrange ironie du sort, sera conduite à la trouver dans l'idée même qui révolte tout son être. L'autorité stérile, bien que capable de se réaffirmer parfois, adopte cet enfant que nul ne réclame et se permet ainsi d'assimiler toutes les connaissances passées, présentes et futures.

Les rapports malheureux de ce mouvement avec la politique du temps ont cependant égaré plus d'un érudit. Ils n'y voient rien de plus (Macdonald par exemple) qu'une puissante conspiration pour déraciner le pouvoir politique des Arabes en Perse. Ils taxèrent l'église ismaélienne, qui compta parmi ses disciples quelques-uns des meilleurs esprits et des cœurs les plus sincères, de clique, de meurtriers sinistres guettant toujours une victime possible. Nous devons toujours nous souvenir, lorsque nous jugeons le caractère de ces gens, des persécutions affreusement barbares qui les contraignit à rendre la pareille au fanatisme sanguinaire. Les assassinats pour des raisons religieuses étaient considérés comme des actions auxquelles on ne trouvait rien à redire, et qui peut-être étaient même légitimes, au sein de la race sémite tout entière. A une époque aussi tardive que la seconde moitié du 16e siècle, le pape de Rome pouvait approuver un massacre aussi épouvantable que celui de la Saint-Barthélemy. Que l'assassinat, même motivé par le zèle religieux, soit néanmoins un crime, c'est là une idée purement moderne; et la justice exige que nous ne jugions pas les générations qui nous ont précédé selon nos propres normes du bien et du mal. Un grand mouvement religieux qui secoua jusqu'à ses fondements même l'édifice d'un vaste empire et qui, après avoir subi avec succès les épreuves diverses de la persécution, de la calomnie, du reproche moral, se présenta pendant des siècles comme le champion de la science et de la philosophie, n'aurait pu entièrement reposer sur la base fragile d'une conspiration politique d'un caractère seulement local et temporaire. L'ismaélisme, en dépit de la perte presque totale de sa vitalité originelle, domine encore l'idéal éthique d'un nombre important de gens aux Indes, en Perse, en Asie centrale, en Asie et en Afrique; tandis que la dernière expression de la pensée persane — le bâbisme — est d'un caractère essentiellement ismaélien.

Revenons à la philosophie de la secte. Aux rationalistes tardifs, ils empruntèrent leur conception de la divinité. Dieu, ou principe ultime de l'existence, enseignent-ils, ne possède pas d'attribut. De Sa nature, rien ne peut être affirmé. Lorsque nous affirmons qu'Il a l'attribut de la puissance, nous voulons seulement dire qu'Il est le dispensateur de la puissance; lorsque nous parlons de l'éternité, nous indiquons l'éternité de ce que le *Qor'ân* appelle *Amr* (le verbe de Dieu) en tant qu'il se distingue de *Khalq* (la création de Dieu) qui est contingente. Dans Sa nature toutes contradictions se fondent, et de Lui découlent tous les contraires. Ainsi considéraient-ils avoir résolu le problème qui avait troublé Zoroastre et ses disciples.

Afin de trouver une réponse à la question « *Qu'est-ce que la pluralité ?* », les ismaéliens se reportent à ce qu'ils considèrent comme un axiome métaphysique — « *de l'un ne peut provenir que l'un* ». Mais cet un n'est pas quelque chose de complètement différent de ce dont il provient. C'est en réalité l'Un primordial transformé. L'unité primordiale s'est donc transformée en l'intellect premier (la raison universelle); puis, au moyen de sa propre transformation, a créé l'âme universelle qui, poussée par sa nature à s'identifier parfaitement avec la source originelle, a senti la nécessité du mouvement et, en conséquence, d'un corps possédant le pouvoir de se mouvoir. Pour atteindre cette fin, l'âme a créé les cieux qui se meuvent d'un mouvement circulaire selon sa direction. Elle a aussi créé les éléments qui se mélangèrent et formèrent l'univers visible. L'âme universelle est un résumé de l'univers tout entier qui existe seulement pour son instruction progressive. La raison universelle s'incarne de temps en temps, dans la personnalité du « chef » qui illumine l'âme proportionnellement à son expérience et à sa compréhension, et la guide graduellement à travers la scène de la pluralité jusqu'au monde de l'unité éternelle. Lorsque l'âme universelle atteint son but, ou plutôt retourne à son propre être profond, le processus de la désintégration s'ensuit. « *Les particules constituant l'univers se détachent l'une de l'autre — celles du bien vont à la vérité (Dieu) qui symbolise l'unité; celles du mal vont au mensonge (le démon) qui symbolise la diversité* [20]. » Telle est, en bref, la philosophie ismaélienne — mélange, comme le remarque Shahrastânî, d'idées philosophiques et manichéennes — qu'ils administrèrent, pour ainsi dire, par petites doses aux initiés, en éveillant graduellement l'esprit du scepticisme qui sommeillait; à la fin ils les amenèrent à ce degré d'émancipation spirituelle où tombe le rituel solennel et où la religion dogmatique apparaît n'être rien de plus qu'un arrangement systématique de faussetés utiles.

La doctrine ismaélienne constitue le premier essai tenté pour amalgamer la philosophie contemporaine à une vision véritablement persane de l'univers, et d'énoncer à nouveau l'Islam en se référant à cette synthèse, grâce à une interprétation allégorique du *Qor'ân*, méthode que le soufisme adopta par la suite. Pour eux, l'Ahriman de Zoroastre (le démon) n'est pas le créateur pervers des choses mauvaises, mais c'est un principe qui viole l'unité éternelle et la morcelle en diversité visible. L'idée que quelque principe de différence dans la nature de l'existence ultime doit être postulé afin d'expliquer la diversité empirique a subi d'autres modifications; jusqu'à ce que, au sein de la secte hurûfî (rejeton de l'ismaélisme) au 14e siècle, elle touchât le soufisme contemporain d'une part, et la Trinité chrétienne de l'autre. Le « Sois », prétendaient les Hurûfîs, est l'éternel verbe de Dieu qui, lui-même incréé,

conduit à la création — le verbe extériorisé. « *Sans le
« verbe » la reconnaissance de l'essence de la divinité aurait
été impossible, étant donné que la divinité est au-delà de la
perception des sens* [21]. » Le « verbe » est donc devenu chair
dans le sens de Marie [22] afin de manifester le Père. L'univers tout entier est la manifestation du « verbe » de Dieu,
dans lequel Il est immanent [23]. Chaque son dans l'univers
est en Dieu; chaque atome chante le chant de l'éternité [24];
tout est vie. Ceux qui veulent découvrir la réalité ultime
des choses, qu'ils recherchent le « nommé » à travers le
nom [25], qui cache et révèle à la fois son sujet.

La réaction contre le rationalisme;
les asharites

Sous le patronage des premiers califes de la dynastie
de ʿAbbâs, le rationalisme continua à prospérer dans les
centres intellectuels du monde islamique, jusqu'à ce que,
dans la première moitié du 9ᵉ siècle, il rencontra la puissante réaction orthodoxe qui trouva un chef très énergique
dans la personne d'Al-Asharî (né en 873 AD). Ce dernier
fut l'élève de maîtres rationalistes, dans le seul but de
détruire, suivant leurs propres méthodes, l'édifice qu'ils
avaient si laborieusement construit. Il fut un disciple d'Al-
Jubbâ'i [26] — représentant de la plus jeune école de mu-
ʿtazilisme à Basra — avec qui il eut de nombreuses controverses [27], lesquelles mirent finalement un terme à leurs
relations amicales, et amenèrent l'élève à dire adieu au
parti muʿtazila. « *Le fait*, dit Spitta, *qu'Al-Asharî était si
totalement un homme de son époque, dont il suivit les courants
successifs, fait de lui, à un autre point de vue, une figure
importante pour nous. En lui, comme en n'importe quel
autre, se reflètent clairement les tendances variées de cette
époque intéressante aussi bien politiquement que religieuse-*

ment; et il est rare que nous nous trouvions en mesure de nous rendre compte de la force de la confession orthodoxe et celle de la spéculation mu'tazilite, de l'enfantine impuissance de l'une, du manque de maturité et de perfection de l'autre, aussi complètement que dans la vie de cet homme qui fut orthodoxe dans son enfance et mu'tazila dans son adolescence [28]. » La spéculation mu'tazila (par exemple Al-Jâhiz) tendait à être absolument libre, et dans certain cas, conduisit à une attitude de pensée purement négative. Le mouvement lancé par Al-Asharî tenta, non seulement de purger l'Islam de tous les éléments non-islamiques qui s'y étaient subrepticement infiltrés, mais aussi d'harmoniser la conscience religieuse avec la pensée religieuse de l'Islam. Le rationalisme essaya de mesurer la réalité par la seule raison; il impliquait l'identité des domaines de la religion et de la philosophie, et s'efforça d'exprimer la foi sous la forme de concepts ou en termes de pensée pure. Il ignorait ce qu'est en fait la nature humaine et tendait à désintégrer la solidarité de la communauté islamique. D'où la réaction.

La réaction orthodoxe dirigée par les asharites ne fut, en réalité, rien de plus que le transfert de la méthode dialectique à la défense de l'autorité de la révélation divine. En opposition aux rationalistes, ils défendaient la doctrine des attributs de Dieu. Et, en ce qui concerne la querelle du libre arbitre, ils adoptèrent une ligne de conduite à mi-chemin entre l'extrême fatalisme de la vieille école et l'extrême libéralisme des rationalistes. Ils enseignaient que le pouvoir de choisir, aussi bien que toutes les actions humaines, sont créés par Dieu et que l'homme a reçu le pouvoir d'acquérir [29] les différents modes d'activité. Mais Fakhr Al-Dîn Râzî, qui dans sa violente attaque contre la philosophie rencontra l'opposition ardente de Tûsî et de Qutb Al-Dîn, écarte l'idée d' « acquisition » et affirme ouvertement la doctrine de la nécessité dans son commentaire du *Qor'ân*. Les mâtarîdiyya — autre école de théologie antirationaliste, fondée par Abu Mansur Mâtarîdî, originaire de Mâtarîd, dans les environs de Samarkand — revinrent à l'ancienne position rationaliste et enseignèrent, contrairement aux asharites, que l'homme possède un contrôle absolu sur son activité, et que son pouvoir agit sur la nature même de ses actions. Al-Asharî s'intéressait uniquement à la théologie; mais il était impossible d'harmoniser la raison et la révélation sans se référer à la nature ultime de la réalité. Bâqilânî [30], en conséquence, se servit dans ses recherches théologiques de propositions purement métaphysiques (que la substance est une unité individuelle; que la qualité ne peut exister dans la qualité; que le vide parfait est possible). Il donna ainsi à son école un fondement métaphysique que nous nous proposons principalement de faire ressortir. Nous ne nous attarderons donc pas à leur défense des croyances orthodoxes (par exemple, que le *Qor'ân* est incréé; que la visibilité de Dieu est possible; etc.); mais nous nous efforcerons de relever les éléments de pensée métaphysique dans leurs controverses théologiques. Afin de rencontrer les philosophes de leur temps sur leur propre terrain, ils ne pouvaient se dispenser de philosopher; ils durent donc, bon gré, mal gré, élaborer une théorie de la connaissance qui leur fût particulière.

Dieu, selon les asharites, est l'ultime existence nécessaire qui « *porte ses attributs dans son être propre* [31] » et dont l'existence *(wujûd)* et l'essence *(mâhiyyat)* sont identiques. Outre l'argument tiré du caractère contingent du mouvement, ils employaient les arguments suivants en vue de prouver l'existence de ce principe ultime :
— tous les corps, disaient-ils, sont un, dans la mesure où il s'agit du fait phénoménal de leur existence. Mais en dépit de cette unité, leurs qualités sont différentes et même opposées l'une à l'autre. Nous sommes donc amenés à postuler une cause ultime afin d'expliquer leur divergence empirique;
— chaque être contingent réclame une cause qui explique son existence. L'univers est contingent; il doit donc avoir

une cause et cette cause est Dieu. Ils prouvaient de la façon suivante que l'univers est contingent. Tout ce qui existe dans l'univers est, soit substance, soit qualité. La contingence de la qualité est évidente et la contingence de la substance découle du fait qu'aucune substance ne pourrait exister sans qualités. La contingence de la qualité nécessite la contingence de la substanée; sinon, l'éternité de la substance nécessiterait l'éternité de la qualité. Afin de juger pleinement la valeur de ce raisonnement, il est nécessaire de comprendre la théorie asharite de la connaissance. Pour répondre à la question « *Qu'est-ce qu'une chose?* » ils soumirent à une critique pénétrante les catégories aristotéliciennes de la pensée et arrivèrent à la conclusion que les corps n'ont pas de propriété en eux-mêmes [32]. Ils n'établissaient pas de distinction entre les qualités primaires et secondaires d'un corps, et les réduisaient toutes à des rapports purement subjectifs. La qualité aussi devenait pour eux un simple accident sans lequel la substance ne pouvait exister. Ils utilisaient le mot substance ou atome avec une vague implication d'extériorité; mais leur critique, motivée par le pieux désir de défendre l'idée de la création divine, réduisait l'univers à un simple jeu de subjectivités ordonnées qui, affirmaient-ils à l'instar de Berkeley, trouvaient leur explication ultime dans la volonté de Dieu. Dans son étude de la connaissance humaine considérée comme un produit et non pas simplement un processus, Kant s'arrêta à l'idée de « *Ding an sich* », mais les asharites s'efforcèrent de pénétrer plus avant, et soutinrent, contrairement au réalisme agnostique de l'époque, que la soi-disant essence sous-jacente n'existait que dans la mesure où elle était mise en relation avec le sujet connaissant. Leur atomisme se rapprochait donc de celui de Lotze [33] qui, malgré son désir de conserver la réalité extérieure, finit par la réduire complètement à l'idéalité. Mais, comme Lotze, ils ne pouvaient croire que leurs atomes étaient l'opération interne de l'Être primordial infini. Ils étaient trop attachés au monothéisme pur. La conséquence nécessaire de leur analyse de la matière est un idéalisme absolu, comme celui de Berkeley; mais leur réalisme instinctif, conjugué à la force de la tradition atomiste, les contraint-il peut-être à utiliser le mot « atome » grâce auquel ils s'efforcent de donner à leur idéalisme comme une coloration réaliste. L'intérêt de la théologie dogmatique les conduisit à conserver, à l'égard de la philosophie pure, une attitude critique qui apprit à ses défenseurs — malgré eux — comment philosopher et édifier une métaphysique qui leur fût propre.

Mais un aspect plus important et philosophiquement plus significatif de la métaphysique asharite est leur attitude à l'égard de la loi de causalité [34]. De même qu'ils répudièrent tous les principes de l'optique [35] afin de montrer, par opposition aux rationalistes, que Dieu pouvait être visible bien qu'Il fût sans étendue; de même, afin de défendre la possibilité des miracles, rejetèrent-ils complètement l'idée de la causalité. Les orthodoxes croyaient aux miracles aussi bien qu'à la loi de causalité universelle; mais ils affirmaient que, au moment d'accomplir un miracle, Dieu suspendait la mise en œuvre de cette loi. Les asharites, cependant, qui partaient de l'hypothèse que la cause et l'effet doivent être similaires, ne pouvaient partager cette opinion orthodoxe, et enseignaient que l'idée de pouvoir est dépourvue de sens, et que nous ne connaissons rien d'autre que des impressions flottantes, dont l'ordre phénoménal est déterminé par Dieu.

Tout compte rendu de la métaphysique asharite serait incomplet sans une étude de l'œuvre de Al-Ghâzâlî (mort en 1111 AD) qui, bien qu'incompris par beaucoup de théologiens orthodoxes, sera toujours considéré comme l'une des plus grandes personnalités de l'Islam. Ce sceptique de grande envergure devança Descartes quant à la méthode philosophique [36]; et, « *sept cents ans avant que Hume coupât le lien de la causalité avec le tranchant de sa dialectique* [37] », il fut le premier à écrire une réfutation systématique de la philosophie, et à détruire complètement cette crainte de l'intellectualisme qui avait caractérisé les orthodoxes. Ce fut principalement son influence qui fit étudier les dogmes et la métaphysique ensemble, et finalement conduisit à un système d'éducation qui produisit des hommes tels que Shahrastânî, Al-Râzî et Al-Ishrâqî. Voici qui indique l'attitude de ce penseur : « *Dès mon enfance, je fus enclin à penser les choses par moi-même. Cette attitude eut pour résultat que je me révoltai contre l'autorité; et toutes les croyances qui s'étaient fixées dans mon esprit depuis mon enfance perdirent leur importance première. Je pensais que ces croyances fondées sur la seule autorité étaient également partagées par les juifs, les chrétiens et les disciples d'autres religions. La connaissance réelle doit effacer tous les doutes. Par exemple, il est évident que dix est plus grand que trois. Si toutefois une personne s'efforce de prouver le contraire en faisant appel au pouvoir qu'elle possède de transformer un bâton en serpent, cet exploit serait bien entendu merveilleux, bien qu'il ne puisse affecter le caractère certain de la proposition en question* [38]. » Il examina ensuite tous les divers systèmes de « connaissance sûre », puis trouva la certitude dans le soufisme.

Étant donné leur conception de la nature de la substance, les asharites, en leur qualité de rigides monothéistes, ne pouvaient se risquer à discuter de la nature de l'âme humaine. Seul Al-Ghazâlî s'attaqua sérieusement à ce problème et jusqu'à aujourd'hui il est difficile de définir avec précision son opinion quant à la nature de Dieu. Chez lui, comme chez Borger et Solger en Allemagne, le panthéisme soufi et le dogme asharite de la personnalité semblent s'harmoniser, conciliation qui rend difficile de dire s'il était panthéiste, ou panthéiste personnel comme Lotze. L'âme, selon Al-Ghazâlî, perçoit les choses [39]. Mais la perception en tant qu'attribut ne peut exister que dans une substance ou essence qui soit absolument libérée de tous les attributs du corps. Dans son *Al-Madnûn*, il explique pourquoi le Prophète refusa de révéler la nature de l'âme. Il existe, dit-il, deux sortes d'hommes : les hommes ordinaires et les penseurs. Les premiers, qui considèrent la matérialité comme condition de l'existence, ne peuvent concevoir une substance immatérielle. Les derniers sont amenés par la force de leur logique à une conception de l'âme qui écarte toute différence entre Dieu et l'âme individuelle. Al-Ghazâlî se rendit compte de la tendance panthéiste de ses propres recherches et préféra garder le silence au sujet de la nature ultime de l'âme.

On le range généralement parmi les asharites. Mais à proprement parler, il n'en est pas un, bien qu'il admît que ce mode de pensée était excellent pour les masses. « *Il affirmait*, dit Shiblî ('*Ilm al-Kalâm*, p. 66), *que le secret de la foi ne pouvait être révélé; pour cette raison, il encouragea l'exposé de la théologie asharite et prit grand soin de convaincre ses disciples immédiats de ne pas publier les résultats de ses réflexions privées.* » Une telle attitude vis-à-vis de la théologie asharite, conjuguée à son emploi constant du langage philosophique, ne pouvait que conduire à des soupçons. Ibn Jauzî, Qadî 'Iyâd et d'autres célèbres théologiens de l'école orthodoxe, le dénoncèrent publiquement comme l'un des « égarés ». 'Iyâd alla jusqu'à ordonner la destruction de tous ses écrits philosophiques et théologiques existant en Espagne.

Il est donc clair que, tandis que la dialectique du rationalisme détruisait la personnalité de Dieu et réduisait la divinité à une pure universalité indéfinissable, le mouvement antirationaliste, tout en préservant le dogme de la personnalité, détruisait la réalité extérieure de la nature. En dépit de la théorie de « l'objectivation atomique [40] » de Nazzâm, l'atome du rationaliste possède une réalité objective indépendante; celui des asharites est un moment fugace de la volonté divine. L'une conserve la nature, et tend à se débarrasser du Dieu de la théologie; l'autre sacrifie la nature pour conserver Dieu tel qu'il est conçu par les orthodoxes. Le soufi ivre de Dieu qui se tient à l'écart des controverses théologiques de son époque, conserve et spiritualise ce double aspect de l'existence et considère l'univers tout entier comme la révélation de soi-même par Dieu — notion plus élevée qui synthétise les extrêmes opposés de ses prédécesseurs. Le rationalisme « à la jambe de bois », comme l'appelaient les soufis, a dit son dernier mot par la bouche du sceptique Al-Ghazâlî, dont l'âme inquiète, après avoir longtemps erré désespérément dans les déserts désolés d'un intellectualisme desséché, trouva enfin le lieu de son repos dans les profondeurs de l'émotion humaine. Son scepticisme tend plus à établir la nécessité d'une source supérieure de connaissance qu'à défendre simplement les dogmes de la théologie islamique et représente donc la paisible victoire du soufisme sur toutes les tendances spéculatives rivales de cette époque.

Toutefois, la contribution positive d'Al-Ghazâlî à la philosophie de son pays se trouve dans son petit livre — *Mishkât al-Anwâr* — où il débute par le verset qoranique « *Dieu est la lumière des cieux et de la terre* » et retourne instinctivement à l'idée iranienne, qui devait bientôt trouver un vigoureux défenseur en Al-Ishraqî. La lumière, enseigne-t-il dans ce livre, est la seule existence réelle; et il n'y a pas de ténèbres plus grandes que la non-existence. Mais l'essence de la lumière est la manifestation; « *elle est attribuée à la manifestation qui est une relation* [41] ». L'univers fut créé à partir de l'obscurité sur laquelle Dieu répandit [42] sa propre lumière et rendit ses différentes parties plus ou moins visibles suivant qu'elles recevaient plus ou moins de lumière. De même que les corps diffèrent les uns des autres en ce qu'ils sont sombres, obscurs, illuminés ou illuminants, de même les hommes sont différents les uns des autres. Certains d'entre eux illuminent les autres êtres humains et c'est pour cette raison que le Prophète est appelé « la lampe illuminante » dans le *Qor'ân*.

L'œil physique ne voit que la manifestation extérieure de l'absolu, ou lumière réelle. Il existe dans le cœur de l'homme un œil intérieur qui, contrairement à l'œil physique, voit au-delà des choses, un œil qui va au-delà du fini, et perce le voile de la manifestation. Ces pensées ne sont que des germes qui se sont développés et ont fructifié dans la « philosophie de l'Illumination » d'Al-Ishrâqî/ *Hikmat al-Ishrâq*.
Telle est la philosophie asharite.

Un des grands résultats de cette réaction, au point de vue théologique, fut qu'elle arrêta les progrès de la libre-pensée qui tendait à détruire la solidarité de la communauté islamique. Nous nous proposons surtout d'indiquer les résultats purement intellectuels du mode de pensée asharite; il y en a principalement deux :
— il a conduit une critique indépendante de la philosophie grecque, ainsi que nous allons le voir;
— au début du 10e siècle, alors que les asharites avaient presque complètement démoli la citadelle du rationalisme, nous apercevons une tendance vers ce que l'on pourrait appeler le positivisme persan. Al-Birûnî [43] (mort en 1048) et Ibn Haitham [44] (mort en 1038) qui devança la psychologie moderne empirique en reconnaissant ce que l'on appelle le temps de réaction, renoncèrent à toute recherche concernant la nature de ce qui est au-delà des sens et gardèrent un silence prudent au sujet des questions religieuses. Un tel état de choses aurait pu exister mais n'aurait pu s'expliquer logiquement avant Al-Asharî.

4. La controverse entre l'idéalisme et le réalisme

La négation par les asharites de la *Prima Materia* d'Aristote et leurs opinions concernant la nature de l'espace, du temps et de la cause, éveillèrent cet irrépressible esprit de controverse qui, durant des siècles, divisa les penseurs musulmans et finalement épuisa leurs forces dans les subtilités purement verbales des écoles. La publication de *Hikmat al-'Ain* (« Philosophie de l'essence ») par Najm Al-Dîn Al-Kâtibî, disciple d'Aristote, dont les élèves étaient appelés « philosophes » pour les distinguer des théologiens scolastiques, intensifia ce conflit intellectuel, provoquant de pénétrantes critiques de la part d'un grand nombre d'asharites, aussi bien que d'autres penseurs idéalistes. Je vais étudier les points sur lesquels les deux écoles différaient l'une de l'autre.

La nature de l'essence

Nous avons vu que la théorie asharite de la connaissance les conduisit à affirmer que les essences individuelles des diverses entités sont tout à fait différentes les unes des autres et sont déterminées dans chaque cas par la cause ultime — Dieu. Ils niaient l'existence d'une matière primordiale commune à toutes choses et perpétuellement changeante et, contrairement aux rationalistes, prétendaient que l'existence constitue l'être même de l'essence. Donc, pour eux, l'essence et l'existence sont identiques. Ils arguaient que le jugement « *L'homme est animal* » n'est possible qu'en se basant sur une différence fondamentale entre le sujet et le prédicat, étant donné que leur identité rendrait le jugement nul et qu'une différence complète rendrait l'affirmation fausse.

Il est donc nécessaire de postuler une cause extérieure, afin de déterminer les diverses formes d'existence. Cependant, leurs adversaires admettent la détermination ou limitation de l'existence, mais ils prétendent que toutes les diverses formes d'existence, dans la mesure où il s'agit de leur essence, sont identiques, étant toutes des limitations d'une substance primordiale unique. Les disciples d'Aristote répondirent à la difficulté que présentait la possibilité d'une affirmation synthétique en défendant la possibilité d'essences composées. Un jugement tel que « *L'homme est animal* » est vrai, affirmaient-ils; car l'homme est une essence composée de deux essences, l'animalité et l'humanité. Ceci, ripostaient les asharites, ne résiste pas à la critique. Si vous dites que l'essence de l'homme et de l'animal est la même, vous affirmez en d'autres termes que l'essence du tout est la même que celle de la partie, mais cette proposition est absurde, car si l'essence du composé est la même que celle de ses composantes, le composé devra être considéré comme un seul être possédant deux essences ou existences.

Il est évident que la controverse tout entière porte sur le point de savoir si l'existence est une simple idée, ou si elle est quelque chose d'objectivement réel. Lorsque nous disons qu'une certaine chose existe, voulons-nous dire qu'elle existe seulement en relation avec nous (point de vue des asharites); ou qu'elle est d'une essence existant tout à fait indépendamment de nous (point de vue réaliste) ? Nous allons brièvement indiquer les arguments de chaque partie. Le réaliste raisonnait de la façon suivante : a. La conception de mon existence est quelque chose d'immédiat ou d'intuitif. La pensée « J'existe » est un « concept »; il s'ensuit que mon corps est intuitivement connu comme quelque chose de réel. Si la connaissance de l'existant n'est pas immédiate, le fait de sa perception nécessiterait un processus de pensée; ce qui, comme nous le savons, n'est pas. L'asharite Al-Râzî admet que le concept d'existence est immédiat; mais il considère le jugement — « Le concept d'existence est immédiat » — comme une simple acquisition. Muhammad Ibn Mubârak Bukhârî, d'autre part, dit que toute l'argumentation du réaliste se fonde sur l'hypothèse que le concept de notre existence est quelque chose d'immédiat — point de vue qui peut être discuté [1]. Si, dit-il, nous admettons que le concept de mon existence est immédiat, l'existence abstraite ne peut être considérée comme un élément constitutif de cette conception. Et si le réaliste soutient que la perception d'un objet particulier est immédiate, nous admettons la vérité de ce qu'il dit; mais il ne s'ensuit pas, ainsi qu'il s'efforce de l'établir, que la soi-disant essence sous-jacente est immédiatement connue comme objectivement réelle. Le raisonnement réaliste, en outre, réclame que l'esprit ne soit pas capable de concevoir la prédication de qualités aux choses. Nous ne pouvons concevoir que «la neige est blanche », parce que la blancheur, faisant partie de ce jugement immédiat, doit aussi être immédiatement connue sans aucune prédication. Mulla Muhammad Hâshim Husainî remarque [2] que ce raisonnement est erroné. L'esprit, dans l'acte d'affirmation de la blancheur de la neige, opère sur une existence purement idéale — la qualité de la blancheur — et non sur une essence objectivement réelle dont les qualités ne sont que de simples aspects ou facettes. En outre, Husainî devance Hamilton, et diffère des autres réalistes en affirmant que l'essence de l'objet, soi-disant inconnaissable, est aussi immédiatement connue : l'objet, dit-il, est immédiatement perçu comme un [3]. Nous ne percevons pas successivement les divers aspects de ce qui se trouve constituer l'objet de notre perception.

b. L'idéaliste, dit le réaliste, réduit toute qualité à de simples rapports subjectifs. Son raisonnement le conduit à nier l'essence sous-jacente aux choses, et à les considérer comme des ensembles de qualités entièrement hétérogènes, dont l'essence consiste simplement dans le fait phénoménal de leur perception. En dépit de sa croyance à l'hétérogénéité complète des choses, il applique le mot existence à toutes choses — admission tacite qu'il y a quelque essence commune à toutes les diverses formes d'existence. Abû'l-Hasan al-Asharî réplique que cette application n'est qu'une commodité verbale, et qu'elle ne peut indiquer la soi-disant homogénéité interne des choses. Mais l'application universelle, par l'idéaliste du terme existence, doit signifier, selon le réaliste, que l'existence d'une chose, ou bien constitue son essence même, ou bien est surajoutée à l'essence sous-jacente à la chose. La première supposition est une admission virtuelle quant à l'homogénéité des choses, étant donné que nous ne pouvons prétendre que l'existence particulière à une chose soit fondamentalement différente de l'existence particulière à une autre. La supposition que l'existence est quelque chose surajoutée à l'essence d'une chose conduit à une absurdité, étant donné qu'en ce cas l'essence devra être considérée comme quelque chose de distinct de l'existence ; et la négation de l'essence (avec les asharites) effacerait la distinction entre l'existence et la non-existence. En outre, qu'était l'essence avant que l'existence lui soit surajoutée ?

Nous ne devons pas dire que l'essence était prête à recevoir l'existence avant qu'elle l'ait en fait reçue, étant donné que cette affirmation impliquerait que l'essence était non-existence avant qu'elle reçoive l'existence. De même, l'affirmation que l'essence a le pouvoir de recevoir la qualité de non-existence, implique cette absurdité qu'elle existe déjà. L'existence doit donc être considérée comme formant une partie de l'essence. Mais si elle forme une partie de l'essence, cette dernière devra être considérée comme un composé. Si, d'autre part, l'existence est extérieure à l'essence, elle doit être quelque chose de contingent en raison de sa dépendance vis-à-vis de quelque chose d'autre qu'elle-même. Or, tout ce qui est contingent doit avoir une cause. Si cette cause est l'essence elle-même, il s'ensuivrait que l'essence existait avant qu'elle existât, étant donné que la cause doit précéder l'effet dans le fait de l'existence. Si, toutefois, la cause de l'existence est quelque chose d'autre que l'essence, il s'ensuit que l'existence de Dieu aussi doit être expliquée par quelque cause autre que l'essence de Dieu — conclusion absurde qui transforme le nécessaire en contingent [4]. Ce raisonnement du réaliste est basé sur une incompréhension totale de la position de l'idéaliste. Il ne voit pas que l'idéaliste n'a jamais considéré le fait de l'existence comme quelque chose de surajouté à l'essence d'une chose; mais il a toujours soutenu qu'elle était identique à l'essence. L'essence, dit Ibn Mubârak [5] est la cause de l'existence sans lui être chronologiquement antérieure. L'existence de l'essence constitue son être même, elle ne dépend pas pour cela de quelque chose d'autre qu'elle-même.

La vérité est que les deux partis sont bien éloignés d'une véritable théorie de la connaissance. Le réaliste agnostique qui affirme que derrière les qualités phénoménales d'une chose, il y a une essence opérant comme leur cause, se rend coupable d'une contradiction flagrante. Il affirme que, sous-jacente à la chose, il y a une essence ou substrat

inconnaissable qui est *connu* comme existant. L'idéaliste asharite, par ailleurs, méconnaît le processus de la connaissance. Il ne tient pas compte de l'activité mentale inclue dans l'acte de la connaissance et considère les perceptions comme de simples présentations qui sont déterminées, comme il le dit, par Dieu. Mais si l'ordre des présentations nécessite une cause qui l'explique, pourquoi ne pas rechercher cette cause dans la constitution originelle de la matière, ainsi que le fit Locke ? En outre, la théorie suivant laquelle la connaissance est une simple perception ou prise de conscience passive de ce qui est présenté, mène à certaines conclusions inadmissibles auxquelles les asharites n'avaient jamais pensé :
— ils ne se rendirent pas compte que leur conception purement subjective de la connaissance écartait toute possibilité d'erreur. Si l'existence d'une chose consiste simplement dans le fait d'être présentée, il n'y a pas de raison pour laquelle elle serait connue comme différente de ce qu'elle est en fait ;
— ils ne virent pas que, d'après leur théorie de la connaissance, les êtres humains, nos semblables, aussi bien que les autres éléments de l'ordre physique, n'auraient pas de réalité plus haute que d'être de simples états de ma conscience ;
— si la connaissance est une simple réceptivité de présentations, Dieu qui, en tant que cause des présentations, est actif à l'égard de l'acte de notre connaissance, ne doit pas être au courant de nos présentations. Du point de vue asharite, cette conclusion est fatale à leur position tout entière. Ils ne peuvent dire que leurs présentations, lorsqu'elles cessent d'être, continuent à être des présentations pour la conscience de Dieu.

Une autre question qui se rattache à la nature de l'essence est de savoir si elle est causée ou non causée. Les disciples d'Aristote, ou les « philosophes », ainsi que les appellent généralement leurs adversaires, soutiennent que l'essence sous-jacente aux choses est incausée. Les asharites soutiennent le point de vue opposé. L'essence, dit l'aristotélicien, ne peut subir aucune action de la part d'un agent externe [6]. Al-Katîbî argue que si, par exemple, l'essence de l'humanité était résultée de l'opération d'une activité extérieure, le fait que ce soit la véritable essence de l'humanité aurait pu être mis en doute. En réalité, nous ne nourrissons jamais un tel doute; il s'ensuit donc que l'essence n'est pas due à l'activité d'un agent qui lui est extérieur. L'idéaliste part de la distinction réaliste entre l'essence et l'existence et déduit que le raisonnement réaliste conduirait à une proposition absurde — à savoir que l'homme est incausé, étant donné que, selon le réaliste, il doit être considéré comme la combinaison de deux essences incausées — l'existence de l'humanité.

La nature de la connaissance

Les disciples d'Aristote, fidèles à leur position concernant la réalité objective indépendante de l'essence, définissent la connaissance : « *La réception d'images des choses extérieures* [7]. » Il est possible de concevoir, affirment-ils, un objet qui extérieurement est irréel, et auquel d'autres qualités peuvent être attribuées. Mais si nous lui attribuons la qualité d'existence, l'existence de fait est nécessaire, étant donné que l'affirmation de la qualité d'une chose fait partie de l'affirmation de cette chose. Si donc l'assertion de l'existence ne nécessite pas une existence objective réelle de la chose, nous sommes amenés à nier complètement l'extériorité, et à prétendre que les choses existent dans l'esprit en tant que pure idée. Mais l'affirmation d'une chose, dit Ibn Mubârak, constitue l'existence même de la chose. L'idéaliste ne fait pas de distinction entre l'affirmation et l'existence. Déduire de l'argument ci-dessus que la chose doit être considérée comme existant dans l'esprit est injustifiable. L'existence « idéale » résulte seulement de la négation de l'extériorité que les asharites ne nient pas, car ils prétendent que la connaissance est une relation entre le connaissant et le connu, lequel est connu comme extérieur. La proposition d'Al-Kâtibî que, si la chose n'existe pas en tant qu'existence extérieure, elle doit exister en tant qu'existence idéale ou mentale, se contredit elle-même, car, selon ses principes, chaque chose qui existe en idée existe en extériorité [8].

La nature de la non-existence

Al-Kâtibî explique et critique la proposition, soutenue de façon générale par les philosophes de son époque, à savoir que « *l'existant est bon et le non-existant est mauvais* [9] ». Le fait du meurtre, dit-il, n'est pas mauvais parce que le meurtrier avait le pouvoir de commettre une telle chose; ou parce que l'instrument du meurtre avait le pouvoir de couper; ou parce que le cou de la victime avait la capacité d'être coupé. Il est mauvais parce qu'il signifie la négation de la vie, condition qui est non-existentielle comme les conditions indiquées ci-dessus. Mais afin de montrer que le mal est la non-existence, il nous faut nous livrer à une recherche inductive, et examiner tous les divers cas du mal. Une induction parfaite, toutefois, est impossible, et une induction incomplète ne peut être conclusive. Al-Kâtibî, en conséquence, rejette cette proposition, et affirme que « *la non-existence est le rien absolu* [10] ». Les *essences* possibles, selon lui, ne se trouvent pas fixées dans l'espace, attendant l'attribut de l'existence; autrement, la fixité dans l'espace devrait être considérée comme ne possédant pas l'existence. Mais ses critiques soutiennent que cet argument n'est vrai que si l'on suppose que la fixité dans l'espace et l'existence sont identiques. La fixité dans l'extériorité, dit Ibn Mubârak, est une conception plus large que l'existence. Toute existence est extérieure, mais tout ce qui est extérieur n'est pas nécessairement existant.

L'intérêt porté par les asharites au dogme de la Résurrection — la possibilité de réapparition du non-existant en tant qu'existant — les conduisit à soutenir cette proposition apparemment absurde que « *la non-existence ou rien est quelque chose* ». Ils arguaient que, puisque nous formulons des jugements au sujet du non-existant, il est donc connu ; et le fait qu'il est connaissable indique que « le rien » n'est pas absolument rien. Le connaissable est affaire d'affirmation et le non-existant, étant connaissable, est affaire d'affirmation [11]. Al-Kâtibî nie la vérité de la majeure. Des choses impossibles sont connues, dit-il, et pourtant elles n'existent pas extérieurement. Al-Râzî critique cet argument et accuse Al-Kâtibî d'ignorer le fait que *l'essence* existe dans l'esprit et cependant est connue comme extérieure. Al-Kâtibî suppose que la connaissance d'une chose nécessite son existence en tant que réalité objective indépendante. En outre, il faut se rappeler que les asharites distinguent entre le positif et l'existant, d'une part, et le non-existant et le négatif, de l'autre. Ils disent que tout l'existant est positif, mais la réciproque de cette proposition n'est pas vraie. Il y a certainement une relation entre l'existant et le non-existant, mais il n'y a absolument pas de relation entre le positif et le négatif. Nous ne disons pas, comme le prétend Al-Kâtibî, que l'impossible est non-existant ; nous disons que l'impossible est seulement négatif. Des substances qui existent en fait sont quelque chose de positif. En ce qui concerne l'attribut qui ne peut être conçu comme existant à part la substance, il n'est ni existant, ni non-existant, mais quelque chose entre les deux. En résumé, la position des asharites est la suivante : « *Une chose possède une preuve de son existence ou non. Si non, elle est appelée négative. Si elle possède une preuve de son existence, elle est soit substance, soit attribut. Si elle est substance et possède l'attribut d'existence ou de non-existence (c'est-à-dire elle est perçue ou non), elle est existante ou non existante selon le cas. Si elle est attribut, elle n'est ni existante, ni non-existante* [12]. »

5. Le soufisme

L'origine et la justification qoranique du soufisme

C'est devenu une mode pour l'orientalisme moderne que de rechercher l'enchaînement des influences. Un tel procédé a certainement une grande valeur historique, à condition qu'il ne nous fasse pas oublier ce fait fondamental que l'esprit humain possède une individualité indépendante, et que, agissant de sa propre initiative, il peut graduellement produire de lui-même des vérités qui ont peut-être été déjà découvertes par d'autres esprits il y a bien longtemps. Nulle idée ne peut s'emparer de l'âme d'un peuple à moins, qu'en un certain sens, elle ne soit propre à ce peuple. Des influences extérieures peuvent l'éveiller de son profond sommeil inconscient; mais elles ne peuvent, pour ainsi dire, la créer à partir de rien.

On a beaucoup écrit à propos de l'origine du soufisme persan; et, dans presque tous les cas, les explorateurs de ce très intéressant domaine de recherche ont exercé leur subtilité à découvrir les divers canaux par lesquels les idées fondamentales du soufisme ont pu voyager d'une aire culturelle à une autre. Ils semblent avoir complètement perdu de vue ce principe que la pleine signification d'un phénomène, dans l'évolution intellectuelle d'un peuple, ne peut être comprise qu'à la lumière des conditions intellectuelles, politiques et sociales préexistantes qui, seules, rendent son existence inévitable. Von Kremer et Dozy font dériver le soufisme persan du Vedanta indien; Merx et Nicholson le font provenir du néo-platonisme; tandis que le professeur Browne le considéra jadis comme une réaction aryenne contre une religion sémitique non-émotionnelle. Il me semble, toutefois, que ces théories ont été élaborées sous l'influence d'une notion essentiellement fausse de causalité. Qu'une quantité fixée A, soit la cause d'une autre quantité fixée B, ou produise cette dernière, c'est là une proposition qui, bien que commode pour des motifs scientifiques, est susceptible de dénaturer toute recherche, étant donné qu'elle nous amène à ignorer les innombrables conditions qui se trouvent à l'arrière-plan d'un phénomène. Ce serait, par exemple, une erreur historique que de dire que la dissolution de l'empire romain a été due aux invasions barbares. Une telle affirmation laisse complètement de côté d'autres forces d'un caractère différent qui contribuèrent à détruire l'unité politique de l'empire. Décrire la venue des invasions barbares comme la cause de la dissolution de l'empire romain — lequel aurait pu intégrer cette soi-disant cause, il le fit d'ailleurs dans une certaine mesure — c'est là un procédé qu'aucune logique ne justifierait. A la lumière d'une théorie plus exacte de la causalité, énumérons donc les principales conditions politiques, sociales et intellectuelles de la vie islamique vers la fin du 8e siècle et la première moitié du 9e siècle; lorsque, à proprement parler, l'idéal de vie soufi prit naissance bientôt suivi par une justification philosophique de cet idéal.

a. Lorsque nous étudions l'histoire de cette époque, nous voyons que c'était une période d'inquiétude plus ou moins politique. La seconde moitié du 8e siècle présente, outre la révolution politique qui eut pour résultat la chute des Omayades (749 AD), les persécutions des Zendiks, et les révoltes des hérétiques persans — Sindbâh 755-6; Ustâdhîs, 766-8; le prophète voilé de Khorassan (777-80) qui, agissant sur la crédulité du peuple, déguisait, comme Lamennais à notre époque, des projets politiques sous l'aspect d'idées religieuses. Plus tard, au début du 9e siècle, nous voyons les fils de Hârûn (Ma'mûn et Amîn) se livrer une lutte terrible pour la suprématie politique; et plus tard encore, nous voyons l'âge d'or de la littérature islamique sérieusement troublé par la révolte persistante du Mazdakite Bâbak (816-838). Les premières années du règne de Ma'mûn présentent un autre phénomène social d'une grande signification politique : la controverse shu'ubiyya (815) qui se développe avec l'élévation et l'établissement de familles persanes indépendantes, les Tâhirîd (820), les Saffârîd (868) et la dynastie des Sâmanîd (874). C'est donc la force conjuguée de ces conditions, avec d'autres conditions de nature analogue, qui contribua à écarter les esprits de caractère religieux loin de cette scène de troubles continuels pour les faire se tourner vers la paix ineffable d'une vie contemplative toujours plus profonde. Le caractère sémitique de la vie et de la pensée de ces premiers ascètes musulmans est peu à peu suivi d'un large panthéisme, d'empreinte plus ou moins aryenne, et dont le développement se trouve être parallèle aux lents progrès de l'indépendance politique persane.

b. *Les tendances sceptiques du rationalisme islamique* trouvèrent de bonne heure leur expression dans les poèmes de Bashshar Ibn Burd — ce sceptique persan aveugle qui déifiait le feu et se moquait de tous les modes de pensée non-persans. Les germes de scepticisme latent dans le rationalisme motivèrent finalement un appel à une source de connaissance supra-intellectuelle qui s'affirma dans la *Risâla* de Al-Qushairî (986). A l'époque contemporaine, les résultats négatifs de la *Critique de la raison pure* de Kant conduisirent Jacobi et Schleiermacher à fonder la foi sur le sentiment de la réalité de l'idéal; et pour le sceptique du 19e siècle, Wordsworth révéla ce mystérieux état d'âme « *dans lequel nous devenons tout esprit et pénétrons la vie des choses* ».

c. La piété non-émotionnelle des différentes écoles de l'Islam — l'école hanafite (Abu Hanîfa, mort en 767), l'école shafi'ite (Al-Shâfi'i, mort en 820), l'école mâlikite (Al-Mâlik, mort en 795) et l'école anthropomorphiste hanbalite (Ibn Hanbal, mort en 855, le pire ennemi de la pensée indépendante) qui gouvernèrent les masses après la mort de Al-Ma'mûn.

d. Les discussions religieuses parmi les représentants des diverses fois, encouragées par Al-Ma'mûn; et surtout l'âpre discussion théologique entre les ash'arites et les avocats du rationalisme qui tendaient, non seulement à confiner la religion dans les étroites limites des écoles, mais aussi incitaient l'esprit à s'élever au-dessus de toutes les mesquines querelles sectaires.

e. L'affaiblissement graduel de la ferveur religieuse dû aux tendances rationalistes de l'époque des premiers Abbassides, et le rapide développement de la richesse qui tendait à produire un relâchement moral et l'indifférence à la vie religieuse dans les cercles les plus élevés de l'Islam.

f. La présence du christianisme comme idéal de vie pratique. C'est néanmoins, plutôt la vie même de l'ermite chrétien que ses idées religieuses qui exerça la plus grande fascination sur les esprits des premiers saints musulmans, dont le détachement du monde, bien qu'extrêmement touchant en lui-même est, selon moi, tout à fait contraire à l'esprit de l'Islam.

Tel était en général le milieu où naquit le soufisme, et c'est à l'action conjuguée des conditions que nous venons d'indiquer que nous devons attribuer l'origine et le développement des idées soufies. Étant donné ces conditions, et la mentalité persane avec sa tendance presque innée vers le monisme, le phénomène tout entier de la naissance et de la croissance du soufisme se trouve expliqué. Si nous étudions à présent les principales conditions préexistantes du néo-platonisme, nous voyons que des conditions similaires ont produit des résultats analogues. Les invasions barbares, qui devaient bientôt réduire les empereurs du palais à n'être plus que les empereurs du camp, revêtirent un caractère plus sérieux vers le milieu du 3e siècle.

Plotin lui-même parle des troubles politiques de son époque dans une de ses lettres à Flaccus [1]. Lorsqu'il regardait autour de lui à Alexandrie, sa ville natale, il remarquait des signes de tolérance et d'indifférence grandissantes à l'égard de la vie religieuse. Plus tard, à Rome, qui était devenue un panthéon de diverses nations, il trouva le même manque de sérieux dans la vie, le même relâchement des mœurs dans les classes supérieures de la société. Dans les cercles cultivés, la philosophie était étudiée comme branche de la littérature plutôt que pour elle-même; et Sextus Empiricus, par la tendance d'Antiochus à fondre le scepticisme et le stoïcisme, enseignait le vieux scepticisme pur de Pyrrhon (ce désespoir intellectuel qui conduisit Plotin à trouver la vérité dans une révélation au-delà de la pensée même). Par-dessus tout, le dur caractère dépourvu de sentimentalité de la morale stoïcienne et la piété pleine d'amour des disciples du Christ qui, sans se laisser décourager par de longues et féroces persécutions, prêchaient au monde romain tout entier un message de paix et d'amour, tout cela nécessitait que la pensée païenne fut exposée à nouveau afin de revivifier les anciens idéaux de vie et de s'adapter aux nouveaux besoins spirituels des hommes. Mais la force éthique du christianisme était trop grande pour le néo-platonisme qui, en raison de son caractère plus métaphysique [2], ne constituait pas un message pour les hommes en général — et par conséquent était inaccessible aux rudes barbares lesquels, sous l'influence de la vie pratiquée par les chrétiens persécutés, adoptèrent le christianisme et entreprirent de bâtir de nouveaux empires sur les ruines des anciens. En Perse, l'influence des contacts culturels et la fécondation réciproque des idées créèrent chez certains esprits un vague désir de réaliser un nouvel exposé de l'Islam : il assimila peu à peu les idéaux chrétiens aussi bien que la spéculation gnostique chrétienne, et trouva une base solide dans le *Qor'ân*. La fleur de la pensée grecque se fana sous le souffle du Christianisme; mais le brûlant simoun des attaques d'Ibn Taimiyya ne put toucher la fraîcheur de la rose persane. L'une fut complètement balayée par le flot des invasions barbares; l'autre, inaltérée par la révolution tartare, demeure encore.

Cette extraordinaire vitalité du renouveau soufi de l'Islam s'explique, cependant, si l'on considère la structure du soufisme qui embrasse toutes choses. La formule sémitique du salut peut être brièvement énoncée dans ces mots : « *Transformez votre volonté* » — ce qui signifie que le sémite regarde la volonté comme l'essence de l'âme humaine. Le védantiste indien, par ailleurs, enseigne que toute la douleur est due à notre attitude erronée vis-à-vis de l'Univers. Il nous recommande donc de transformer notre compréhension, impliquant par là que la nature essentielle de l'homme consiste dans la pensée, non dans l'activité ou la volonté. Mais le soufi affirme que la simple transformation de la volonté ou de l'intelligence n'apportera pas la paix; nous devons réaliser la transformation de toutes deux par une transformation complète du sentiment, dont la volonté et l'intelligence ne sont que des formes spécialisées. Son message à l'individu est « *Aime tous les êtres et oublie ta propre individualité en faisant du bien aux autres* ». Rûmî déclare : « *Gagner le cœur des autres est le plus grand pèlerinage; et un seul cœur vaut davantage qu'un millier de Kâbâ. La Kâbâ est une simple cabane d'Abraham ; mais le cœur est la demeure même de Dieu.* » Mais cette formule exige un *pourquoi* et un *comment*, une justification métaphysique de l'idéal afin de satisfaire l'intelligence et des règles d'action pour guider la volonté. Le soufisme fournit les deux. La religion sémitique est un code de strictes règles de conduite ; le védanta indien, d'autre part, est un froid système de pensée. Le soufisme évite leur psychologie incomplète, et s'efforce d'opérer la synthèse des formules sémitique et aryenne dans la catégorie plus élevée de l'amour. D'une part, il intègre l'idée bouddhiste du Nirvana (*Fanâ*, annihilation) et cherche à construire un système métaphysique à la lumière de cette idée ; d'autre part, il ne se détache pas de l'Islam, et trouve dans le *Qor'ân* la justification de sa conception de l'univers. A l'instar de la situation géographique des lieux où il a pris naissance, le soufisme se trouve à mi-chemin des Sémites et des Aryens, intégrant des idées provenant des deux côtés, et les marquant de l'empreinte de sa propre individualité qui, dans l'ensemble, est de caractère plus aryen que sémite. Il semble donc évident que le secret de la vitalité du soufisme, c'est la plénitude de la conception de la nature humaine sur laquelle il se fonde. Il a survécu aux persécussions orthodoxes et aux révolutions politiques, parce qu'il s'adresse à la nature humaine tout entière ; et, tandis qu'il centre son intérêt principalement sur une *vie* d'abnégation, il laisse toute liberté aussi à la tendance spéculative.

Je veux maintenant indiquer brièvement comment les écrivains soufis justifient leurs conceptions du point de vue qoranique. Il n'y a pas de preuve historique que le Prophète de l'Arabie ait effectivement communiqué certaines doctrines ésotériques à 'Alî ou à Abu Bakr. Les soufis, cependant, admettent que le Prophète avait un enseignement ésotérique — « la sagesse » — distinct de l'enseignement contenu dans le Livre, et ils apportent à l'appui de leur thèse le verset suivant : « *De même que Nous vous avons envoyé un Prophète venant de chez vous, qui vous lit nos versets, vous purifie, vous enseigne le Livre et la sagesse, et vous enseigne ce que vous ne saviez pas auparavant* [3]. » Ils affirment que la « sagesse » dont parle le verset est quelque chose qui n'est pas incorporé dans l'enseignement du Livre qui, ainsi que le Prophète l'a déclaré à plusieurs reprises, avait été enseigné par de nombreux prophètes avant lui. Si, disent-ils, la sagesse est incluse dans le Livre, le mot « sagesse » dans le verset serait un pléonasme. On peut montrer aisément, je pense, que dans le *Qor'ân* aussi bien que dans les traditions authentiques, il existe des germes de doctrine soufie qui, en raison du génie profondément pratique des Arabes, ne pouvait se développer et fructifier en Arabie, mais devinrent une doctrine distincte lorsqu'ils trouvèrent des circonstances favorables dans des terrains étrangers. Le *Qor'ân* définit ainsi les musulmans : « *Ceux qui croient à l'invisible, se livrent quotidiennement à la prière, et donnent une partie de ce que Nous leur avons donné* [4]. » Mais la question se pose de savoir *ce qu'est* et *où* se trouve l'invisible. Le *Qor'ân* réplique que l'invisible est en votre propre âme : « *Et sur terre il y a des Signes pour ceux qui croient et en vous-mêmes — eh! quoi! ne voyez-vous donc pas* [5]*!* » Et ailleurs : « *Nous sommes plus près de lui* (l'homme) *que sa propre veine jugulaire* [6]. » De même, le Livre saint enseigne que la nature essentielle de l'invisible est la lumière pure : « *Dieu est la lumière des cieux et de la terre* [7]. » En ce qui concerne la question de savoir si cette lumière primordiale est personnelle, le *Qor'ân*, en dépit de plusieurs expressions signifiant la personnalité, déclare en quelques mots : « *Il n'y a rien comme Lui* [8]. »

Voici quelques-uns des principaux versets d'après lesquels les divers commentateurs soufis élaborent une conception panthéiste de l'univers. Ils énumèrent les quatre phases d'entraînement spirituel par lesquelles l'âme — l'ordre ou la raison de la lumière primordiale —

doit passer, si elle désire s'élever au-dessus du commun troupeau, et réaliser son union ou son identité avec la source ultime de toutes choses :
— croyance en l'invisible;
— quête de l'invisible. L'esprit de recherche délaisse sa somnolence et observe les merveilleux phénomènes de la nature : « *Regardez le chameau, comment il est crée; les cieux, comme ils sont exaltés; les montagnes, comme elles sont fixées de façon immuable* [9] »;
— connaissance de l'invisible. Ceci s'effectue, ainsi que nous l'avons déjà indiqué, en regardant dans les profondeurs de notre âme;
— réalisation. Ceci résulte, selon le soufisme le plus élevé, de la pratique constante de la justice et de la charité — « *En vérité, Dieu vous ordonne de faire la justice et le bien, et de donner aux parents (ce qui leur est dû), et Il vous défend de pécher et de faire le mal et d'opprimer* [10]. »

Il faut, toutefois, se rappeler que quelques communautés soufies plus tardives (par exemple Naqshbandî) élaborèrent ou plutôt empruntèrent aux védantistes indiens, d'autres moyens d'effectuer cette réalisation [11]. Ils enseignaient, à l'imitation de la doctrine hindoue de la Kundalînî, qu'il y a six grands centres de lumière de diverses couleurs dans le corps de l'homme. L'objectif du soufi est de les faire se mouvoir, ou, pour employer le terme technique, « fluer », grâce à certaines méthodes de méditation et de parvenir à réaliser, parmi l'apparente diversité des couleurs, la lumière fondamentale sans couleur qui rend chaque chose visible, et est elle-même invisible. Le mouvement continuel de ces centres de lumière à travers le corps, et la réalisation finale de leur identité, laquelle s'obtient en mettant les atomes du corps dans des cycles de mouvement définis par la lente répétition des divers noms de Dieu et autres expressions mystérieuses, illumine le corps entier du soufi; et la perception de la même illumination dans le monde extérieur annihile complètement le sens

« *d'être autre* ». Le fait que ces méthodes étaient connues des soufis persans induisit en erreur Von Kremer qui attribua le phénomène tout entier du soufisme à l'influence des idées védantiques. De telles méthodes de contemplation sont d'un caractère absolument non-islamique, et les soufis les plus grands ne leur attachent aucune importance.

Aspects de la métaphysique soufie

Revenons maintenant aux diverses écoles, ou plutôt aux divers aspects de la métaphysique soufie. Un examen approfondi de la littérature soufie montre que le soufisme a conçu la réalité ultime d'après trois points de vue qui, en fait, ne s'excluent pas, mais se complètent mutuellement. Certains soufis conçoivent la nature essentielle de la réalité comme volonté consciente d'elle-même, d'autres comme la beauté, d'autres encore pensent que la réalité est essentiellement pensée, lumière, ou connaissance. Il y a donc trois aspects de la pensée soufie.

La réalité en tant que volonté consciente d'elle-même

Du point de vue chronologique, le premier aspect est celui qu'illustrent Shaqîq Balkhî, Ibrâhim Adham, Râbi'a, et d'autres. Cette école conçoit la réalité ultime en tant que « volonté » et l'univers en tant qu'activité finie de cette volonté. Elle est essentiellement monothéiste, et par conséquent d'un caractère sémitique plus marqué. Ce n'est pas le désir de la connaissance qui domine l'idéal des soufis de cette école, mais les traits caractéristiques de leur vie sont la piété, le détachement du monde, et un désir ardent de Dieu dû à la conscience du péché. Leur objectif n'est pas de philosopher, mais principalement de réaliser un certain idéal de vie. Du point de vue qui nous occupe, ils ne présentent donc pas une grande importance.

La réalité en tant que beauté

Au début du 9ᵉ siècle, Marûf Karkhî définit le soufisme comme « *la compréhension des réalités divines* [12] », définition qui marque le mouvement de la foi à la connaissance. Mais la méthode pour saisir la réalité ultime fut formellement énoncée par Al-Qushairî vers la fin du 10ᵉ siècle. Les maîtres de cette école adoptèrent l'idée néo-platonicienne de la création par des agents intermédiaires ; et bien que cette idée demeurât dans l'esprit des écrivains soufis pendant longtemps, cependant leur panthéisme les conduisit à abandonner entièrement la théorie de l'émanation. Comme Avicenne, ils considéraient la réalité ultime comme la « beauté éternelle » dont la nature même consiste à voir sa propre « face » reflétée dans le miroir-univers. L'univers devint donc pour eux une image reflétée de la « beauté éternelle », et non pas une émanation comme l'avaient enseigné les néo-platoniciens. La cause de la création, dit Mîr Sayyid Sharîf, est la manifestation de la beauté et la première création est l'amour. La réalisation de cette beauté est produite par l'amour universel, que l'instinct zoroastrien inné chez le soufi persan aimait à définir comme « *le feu sacré qui consume tout ce qui n'est pas Dieu* ». Rûmî écrit :

« *O toi, délicieuse folie, amour !*
Toi, médecin de tous les maux !
Toi qui nous guéris de l'orgueil,
Toi le Platon et le Galien de nos âmes [13] *!* »

Comme conséquence directe d'une telle conception de l'univers, nous voyons l'idée d'absorption impersonnelle qui apparaît en premier lieu chez Bâyazîd Bistâmi, et qui constitue le trait caractéristique de l'évolution ultérieure de cette école. Le développement de cette idée peut avoir été influencé par les pèlerins hindous voyageant à travers la Perse pour se rendre au temple bouddhiste qui existe encore à Bakou [14]. L'école devint éperdument panthéiste chez Husain Mansûr qui, selon le véritable esprit du védantiste indien, s'écria « Je suis Dieu » *(Aham Brahma asmi)*.

La réalité ultime ou beauté éternelle, selon les soufis de cette école, est infinie en ce sens qu'elle « *est absolument libre des limitations du commencement, de la fin, de la droite, de la gauche, d'au-dessus et d'en dessous* [15] ». La distinction de l'*essence* et de l'attribut n'existe pas dans l'infini — « *La substance et la qualité sont réellement identiques* [16]. » Nous avons indiqué plus haut que la nature est le miroir de l'existence absolue. Mais, d'après Nasafî, il existe deux sortes de miroirs [17] :

— celui qui montre simplement une image reflétée — ceci est la nature extérieure ;

— celui qui montre l'*essence* réelle — ceci est l'homme, qui est une limitation de l'absolu, et qui se considère à tort comme une entité indépendante.

« *O derviche !* dit Nasafî, *crois-tu que ton existence soit indépendante de Dieu ? C'est là une grande erreur* [18]. » Nasafî s'explique au moyen d'une magnifique parabole. Les poissons dans un certain bassin se rendaient compte qu'ils vivaient, se mouvaient et possédaient leur être dans l'eau, mais sentaient qu'ils étaient tout à fait ignorants de la nature réelle de ce qui constituait la source même de leur vie. Ils s'adressèrent à un poisson plus sage dans un grand fleuve, et le poisson-philosophe leur parla ainsi : « *O vous qui vous efforcez de délier le nœud* (de l'être) *! Vous êtes nés dans l'union, et cependant vous mourez dans la pensée d'une séparation irréelle. Assoiffés sur le bord de la mer ! Mourant dans la misère, alors que vous êtes maîtres du trésor* [19] *!* »

Tout sentiment de séparation est donc ignorance; et tout ce qui est « autre » est une simple apparence, un rêve, une ombre, une différenciation née de la relation essentielle à la reconnaissance de l'absolu par lui-même. Le grand prophète de cette école est « l'excellent Rûmî », comme Hegel l'appelle. Il reprit la vieille idée néo-platonicienne de l'âme universelle agissant dans les diverses sphères de l'être, et l'exprima d'une façon si proche de l'esprit moderne que Clodd introduit ce passage dans son *Histoire de la création*. Je me permets de citer ce passage célèbre, afin de montrer avec quel succès le poète devance la conception moderne de l'évolution, qu'il considérait comme le côté réaliste de son idéalisme.

« *L'homme vint tout d'abord dans le règne des choses inorganiques,*
puis de là il passa dans le règne végétal,
ne se souvenant pas de sa condition précédente, si différente.
Et lorsqu'il passa dans l'état animal,
il ne se rappela plus son état en tant que plante :
il ne lui en resta que l'inclination qu'il éprouve pour ce monde végétal, notamment à l'époque du printemps et des fleurs,
telle l'inclination des petits enfants à l'égard de leurs mères :
ils ignorent la raison qui les attire vers le sein maternel.
A nouveau, le Créateur sublime, comme vous le savez,
fit passer l'homme de l'état animal à l'état humain.
Ainsi, l'homme est allé d'un règne de la nature à un autre, jusqu'à ce qu'il devînt doué de sagesse, de connaissance et de force, tel qu'il est à présent.
De sa première âme, il n'a point maintenant de souvenance, et il sera de nouveau changé à partir de son âme actuelle. »
Mathnavî, IV, 3637 sqq.

Il serait à présent instructif de comparer cet aspect de la pensée soufie avec les idées fondamentales du néo-platonisme. Le Dieu du néo-platonisme est immanent aussi bien que transcendant. « *En tant que cause de toutes choses, Il est partout. En tant qu'autre que toutes choses, Il n'est nulle part. S'Il était seulement « partout », et non pas aussi « nulle part », Il serait toutes choses* [20]. » Le soufi, néanmoins, affirme que Dieu *est* toutes choses. Le néo-platonicien admet que la matière possède une certaine permanence ou immuabilité [21] ; mais les soufis de l'école en question considèrent toute expérience empirique comme une sorte de rêve. La vie dans la limitation, disent-ils, est un sommeil ; la mort apporte le réveil. Toutefois, c'est la doctrine de l'immortalité impersonnelle — « *d'esprit spécifiquement oriental* » — qui distingue cette école du néo-platonisme. « *Sa* (la philosophie arabe) *doctrine distinctive*, dit Whittaker, *d'une immortalité impersonnelle de l'intellect humain en général, est cependant, si on la compare à l'aristotélisme et au néo-platonisme, essentiellement originale.* »

Le bref exposé ci-dessus montre qu'il y a trois idées à la base de ce mode de pensée :
— que la réalité ultime est connaissable dans un état de conscience suprasensuel ;
— que la réalité ultime est impersonnelle ;
— que la réalité ultime est une.

En face de ces idées, nous avons :
— la réaction agnostique, telle qu'elle a été exprimée par le poète Omar Khayyam (12ᵉ siècle) qui s'écria dans son désespoir intellectuel :
« *Les esprits joyeux qui boivent de profondes rasades,
et les saints qui dans la mosquée se livrent à de tristes veilles,
sont perdus de même en mer et ne trouvent point de rivage.
Un seul est éveillé, les autres sont endormis.* »
— la réaction monothéiste d'Ibn Taimiyya et de ses disciples au 13ᵉ siècle ;
— la réaction pluraliste de Wâhid Mahmûd [22] au 13ᵉ siècle.

Du point de vue purement philosophique, c'est ce dernier mouvement qui est le plus intéressant. L'histoire de la pensée illustre l'action de certaines lois générales du progrès, lesquelles s'avèrent exactes pour les annales intellectuelles de différents peuples. Les systèmes allemands de pensée moniste appelèrent le pluralisme de Herbart, tandis que le panthéisme de Spinoza annonçait le monadisme de Leibnitz. Le jeu de la même loi conduisit Wâhid Mahmûd à nier la vérité du monisme contemporain, et à déclarer que la réalité n'est pas une, mais multiple. Bien avant Leibnitz, il enseigna que l'univers est une combinaison de ce qu'il appelait « *afrâd* » — unités essentielles, ou atomes simples qui ont existé de toute éternité et sont doués de vie. La loi de l'univers est une perfection ascendante de la matière mentale, passant continuellement de formes inférieures à des formes supérieures déterminées par la sorte de nourriture que les unités fondamentales assimilent. Chaque période de sa cosmogonie comprend 8 000 ans. Après huit de ces périodes, le monde est décomposé, puis les unités se combinent à nouveau pour construire un nouvel univers. Wâhid Mahmûd réussit à fonder une secte qui fut cruellement persécutée, et finalement détruite par Shâh 'Abbâs. On dit que le poète Hâfiz, de Shîrâz, croyait au principe de cette doctrine.

La réalité comme lumière ou pensée

La troisième grande école du soufisme conçoit la réalité comme étant essentiellement lumière ou pensée, dont la nature même exige quelque chose à penser ou illuminer. Tandis que l'école précédente abandonna le néo-platonisme, cette école le transforma en systèmes nouveaux. Il existe cependant deux aspects de la métaphysique de cette école. L'un est d'esprit authentiquement persan, l'autre est principalement influencé par les modes de pensée chrétienne. Tous deux s'accordent à affirmer que le fait de la diversité empirique nécessite un principe de différence dans la nature de la réalité ultime. Je vais maintenant les examiner selon leur ordre historique.

La réalité en tant que lumière :
Al-Ishrâqî.
Retour au dualisme persan

L'application de la dialectique grecque à la théologie islamique incita cet esprit d'examen critique qui commença avec Al-Asharî et trouva son expression la plus complète dans le scepticisme de Ghazâlî. Même parmi les rationalistes, il existait des esprits plus critiques — tels que Nazzâm — dont l'attitude à l'égard de la philosophie grecque n'était pas une soumission servile, mais un criticisme indépendant. Les défenseurs du dogme — Al-Ghazâlî, Al-Râzî, Abul Barakât, et Al-Amidî — menèrent une lutte constante contre la philosophie grecque dans son ensemble; tandis qu'Abu Sa'îd Sairâfî, Qacî 'Abd al-Jabbâr, Abul Ma'alî, Abul Qâsim, et finalement le subtil Ibn Taimiyya, poussés par des raisons théologiques analogues, continuaient à exposer la faiblesse inhérente de la logique grecque. Dans la critique de la philosophie grecque, à ces penseurs se joignirent quelques-uns des soufis les plus cultivés, tels que Shahâb Al-Dîn Suhrawardî, qui s'efforça de démontrer l'impuissance de la raison pure en réfutant la pensée grecque dans un ouvrage intitulé « *Les absurdités grecques dévoilées* ». La réaction asharite contre le rationalisme eut pour effet, non seulement l'élaboration d'un système de métaphysique extrêmement moderne dans certains de ses aspects, mais aussi la rupture totale des chaînes usées de la servitude intellectuelle. Erdmann [23] semble penser que l'esprit de spéculation parmi les musulmans tarit avec Al-Fârâbî et Avicenne et, qu'après eux, la philosophie fit faillite en laissant la place au scepticisme et au mysticisme. De toute évidence, il ignore la critique musulmane de la philosophie grecque qui donna naissance, d'une part, à l'idéalisme asharite et, d'autre part, à une renaissance persane authentique. Pour qu'un système de caractère entièrement persan fut possible, la destruction de la pensée étrangère, ou plutôt le relâchement de son emprise sur l'esprit, était indispensable. Les asharites et les autres défenseurs du dogme islamique complétèrent la destruction, Al-Ishrâqî — l'enfant de l'émancipation — vint construire un nouvel édifice de pensée, bien que, dans cette œuvre de reconstruction, il n'écartât pas complètement les matériaux antérieurs. Il représente l'authentique esprit persan qui, sans se laisser intimider par les menaces d'une autorité étroite d'esprit, affirme son droit à la spéculation libre et indépendante. Dans sa philosophie, l'ancienne tradition iranienne, qui n'avait trouvé d'expression partielle que dans les écrits du médecin Al-Râzî, d'Al-Ghazâlî, et de la section ismaélienne, s'efforce d'arriver à finalement s'entendre avec la philosophie de ses prédécesseurs et la théologie de l'Islam.

Le sheikh Shahâb Al-Dîn Suhrawardî, connu sous le nom de sheikh Ishrâq Maqtûl, naquit vers le milieu du 12e siècle. Il étudia la philosophie avec Majd Jîlî — le professeur du commentateur Al-Râzî — et, encore un jeune homme, était déjà un penseur sans rival dans le monde islamique tout entier. Son grand admirateur Al-Malik Al-Zâhir, fils du sultan Salâh Al-Dîn, l'invita à Alep où le jeune philosophe exposa ses opinions indépendantes et provoqua l'âpre jalousie des théologiens contemporains. Ces esclaves appointés d'un dogmatisme sanguinaire qui, conscient de sa faiblesse intrinsèque, s'était toujours arrangé pour se faire seconder par la force brutale, écrivirent au sultan Salâh Al-Dîn que l'enseignement du sheikh constituait un danger pour l'Islam et qu'il était nécessaire, dans l'intérêt de la foi, de tuer le mal dans l'œuf. Le sultan y consentit; et, à l'âge de trente-six ans seulement, le jeune penseur persan reçut avec calme le coup qui fit de lui un martyr de la vérité, immortalisant son nom. Les meurtriers ont disparu, mais cette philosophie, payée au prix du sang, vit encore et attire plus d'un chercheur ardent.

Les principaux traits du fondateur de la philosophie ishraqî sont : son indépendance intellectuelle, l'adresse avec laquelle il combine ses matériaux en un tout systématique, et par-dessus tout, sa fidélité aux traditions philosophiques de son pays. Sur de nombreux points essentiels il diffère de Platon et critique librement Aristote dont il considère la philosophie comme une simple préparation pour son propre système. Rien n'échappe à sa critique; il soumet à un examen pénétrant la logique d'Aristote, et montre la faiblesse de quelques-unes de ses doctrines. Par exemple, selon Aristote, la définition est *genus* plus *differentia*. Mais Al-Ishrâqî prétend que l'attribut distinctif de la chose définie, qui ne peut être affirmé d'aucune autre chose, ne nous apportera aucune connaissance de la chose. Nous définissons « le cheval » comme un animal hennissant. Or, nous comprenons l'animalité, parce que nous connaissons beaucoup d'animaux chez qui cet attribut existe; mais il est impossible de comprendre l'attribut « hennissant » puisqu'on ne le trouve nulle part, excepté dans la chose définie. La définition habituelle du cheval serait donc dépourvue de signification pour un homme n'ayant jamais vu un cheval. La définition aristotélicienne, en tant que principe scientifique, est tout à fait inutile. Cette critique amène le sheikh à un point de vue qui ressemble beaucoup à celui de Bosanquet, analysant la définition comme « *une somme de qualités* ». Le sheikh prétend qu'une véritable définition énumérerait tous les attributs essentiels qui, pris collectivement, n'existent nulle part ailleurs que dans la chose définie, bien qu'ils puissent individuellement exister dans d'autres choses.

Mais venons-en à sa doctrine métaphysique et voyons

quelle est la valeur de sa contribution à la pensée de son pays. Afin de comprendre pleinement le côté purement intellectuel de la philosophie transcendentale, l'étudiant, dit le sheikh, doit être très au courant de la philosophie d'Aristote, de la logique, des mathématiques et du soufisme. Son esprit devrait être complètement libéré de la souillure du péché et des préjugés, afin qu'il puisse graduellement développer ce sens intérieur qui vérifie et corrige ce que l'intellect comprend seulement comme théorie. La raison sans appui n'est pas digne de confiance; elle doit toujours être complétée par le *dhauq* — la mystérieuse perception de l'*essence* des choses — qui apporte la connaissance et la paix à l'âme inquiète et désarme à jamais le scepticisme. Toutefois, nous n'avons à nous occuper que de l'aspect purement spéculatif de cette expérience spirituelle, des résultats de la perception intérieure tels qu'ils sont formulés et systématisés par la pensée discursive. Examinons donc les divers aspects de la philosophie ishrâqî : ontologie, cosmologie et psychologie.

Ontologie

Le principe ultime de toute existence est *Nûr-i-Qâhir* — la lumière primordiale absolue dont la nature essentielle consiste en perpétuelle illumination. « *Rien n'est plus visible que la lumière, et la visibilité n'a nul besoin d'être définie* [24]. » L'essence de la lumière, c'est donc la manifestation. Car si la manifestation était un attribut surajouté à la lumière, il s'ensuivrait qu'en elle-même la lumière ne possède pas de visibilité, et ne devient visible que grâce à quelque chose d'autre qui soit visible en soi; et de ceci découlerait de nouveau cette conséquence absurde que quelque chose d'autre que la lumière serait plus visible que la lumière. La lumière primordiale n'a donc d'autre raison d'existence qu'elle-même. Tout ce qui est autre que ce principe originel est dépendant, contingent, possible.

La « non-lumière » (l'obscurité) n'est pas quelque chose de distinct provenant d'une source indépendante. C'est une erreur des représentants de la religion magiste que de supposer que la lumière et l'obscurité sont deux réalités distinctes créées par deux agents créateurs distincts. Les anciens philosophes de la Perse n'étaient pas des dualistes comme les prêtres de Zoroastre qui, en se basant sur le principe que l'un ne peut causer l'émanation hors de lui-même de plus d'un, attribuaient deux origines indépendantes à la lumière et aux ténèbres. Le rapport entre eux n'est pas celui du contraire, mais celui de l'existence et de la non-existence. L'affirmation de la lumière postule nécessairement sa propre négation — l'obscurité qu'elle doit illuminer afin d'être elle-même.

La lumière primordiale est la source de tout mouvement. Mais son mouvement n'est pas un changement de lieu; il est dû à *l'amour de l'illumination* qui constitue son essence même et l'incite, pour ainsi dire, à donner à toute chose l'animation de la vie, en déversant ses propres rayons dans leur être. Le nombre d'illuminations qui en procèdent est infini. Les illuminations les plus brillantes deviennent, à leur tour, la source d'autres illuminations; et l'échelle lumineuse peu à peu s'abaisse jusqu'aux illuminations trop faibles pour engendrer d'autres illuminations. Toutes ces illuminations sont des intermédiaires, ou, selon le langage de la théologie, des anges grâce auxquels les infinies diversités de l'être reçoivent la vie et la substance à partir de la lumière primordiale. Les partisans d'Aristote restreignaient par erreur le nombre des intelligences originelles à dix. Ils se trompaient aussi en énumérant les catégories de la pensée. Les possibilités de la lumière primordiale sont infinies et l'univers, avec toute sa variété, n'est qu'une expression partielle de l'infinité qui se trouve derrière lui. Les catégories d'Aristote ne sont donc que relativement vraies. Il est impossible à l'esprit humain de saisir, dans son infime étreinte, l'infinie diversité des idées selon lesquelles la lumière primordiale illumine ou peut illuminer ce qui n'est pas la lumière. Nous pouvons, cependant distinguer entre les deux illuminations suivantes de la lumière originelle :

a. La lumière abstraite (c'est-à-dire l'intelligence universelle aussi bien qu'individuelle). Elle n'a pas de forme et ne devient jamais l'attribut de quoi que ce soit d'autre qu'elle-même (substance). D'elle procèdent toutes les diverses formes de lumière, partiellement consciente, ou *self*-consciente, différant l'une de l'autre d'après le degré de lustre, qui est déterminé par leur proximité ou leur éloignement, relativement à la source ultime de leur être. L'intellect individuel ou âme n'est qu'une imitation plus faible, ou un reflet plus distant de la lumière primordiale. La lumière abstraite se connaît par elle-même, et n'a pas besoin d'un non-égo pour révéler à elle-même sa propre existence. La conscience ou connaissance de soi est donc l'*essence* même de la lumière abstraite, en tant qu'elle se distingue de la négation de la lumière.

b. La lumière accidentelle (attribut) — lumière qui possède une forme et qui est susceptible de devenir un attribut de quelque chose d'autre qu'elle-même (par exemple la lumière des étoiles, ou la visibilité d'autres corps). La lumière accidentelle ou plus exactement la lumière sensible est un reflet éloigné de la lumière abstraite ; ce reflet, en raison de son éloignement, a perdu l'intensité ou le caractère de substance de sa source. Le processus de réfléchissement continu est en réalité un processus d'affaiblissement ; les illuminations successives perdent graduellement leur intensité jusqu'à ce que, dans la chaîne des reflets, nous arrivions à certaines illuminations moins intenses qui perdent entièrement leur caractère indépendant, et ne peuvent exister qu'en association avec quelque chose d'autre. Ces illuminations constituent la lumière accidentelle, attribut qui n'a pas d'existence indépendante.

La relation entre la lumière abstraite et la lumière accidentelle est donc une relation de cause à effet. L'effet, cependant, n'est pas quelque chose de tout à fait distinct de sa cause; c'est une transformation, ou une forme plus faible de la cause supposée elle-même. Rien d'autre que la lumière abstraite (par exemple la nature du corps illuminé lui-même) ne peut être la cause de la lumière accidentelle, car cette dernière, étant simplement contingente et en conséquence susceptible d'être annulée, peut être enlevée aux corps, sans altérer leur caractère. Si l'*essence*, ou la nature, du corps illuminé avait été la cause de la lumière accidentelle, un tel processus de désillumination n'aurait pas été possible. Nous ne pouvons concevoir une cause inactive [25].

Il nous apparaît clairement que le sheikh Al-Ishrâq est d'avis, comme les penseurs asharites, qu'il n'existe rien de tel que la *prima materia* d'Aristote, bien qu'il reconnaisse l'existence d'une négation nécessaire de la lumière — l'obscurité, l'objet de l'illumination. En outre, il est d'accord avec eux en ce qu'il enseigne la relativité de toutes les catégories, à l'exception de la substance et de la qualité. Mais il apporte des modifications à leur théorie de la connaissance, en admettant un élément actif dans la connaissance humaine. Notre relation avec les objets de notre connaissance n'est pas simplement une relation passive; l'âme individuelle, étant elle-même une illumination, illumine l'objet dans l'acte de la connaissance. L'univers est pour lui un seul vaste processus d'illumination active; mais, d'un point de vue purement intellectuel, cette illumination ne constitue qu'une expression partielle de l'infinitude de la lumière primordiale, laquelle peut illuminer selon d'autres lois qui ne sont pas connues. Les catégories de la pensée sont infinies; notre intellect n'opère qu'avec quelques-unes seulement. Du point de vue de la pensée discursive, le sheikh n'est donc pas éloigné de l'humanisme moderne.

Cosmologie

Tout ce qui est « non-lumière » constitue ce que les penseurs ishraqî appellent « quantité absolue », ou « matière absolue ». Ce n'est là qu'un autre aspect de l'affirmation de la lumière, et non pas un principe indépendant comme les disciples d'Aristote l'affirmaient à tort. Le fait expérimental de la transformation des éléments premiers les uns dans les autres milite en faveur de cette matière absolue fondamentale qui, avec ses différences de finesse, constitue les divers domaines de l'être matériel. Le fondement absolu de toutes choses se divise donc en deux catégories :
— ce qui est au-delà de l'espace — la substance obscure ou atomismes (les *essences* des asharites);
— ce qui est nécessairement dans l'espace — les formes de l'obscurité, c'est-à-dire, le poids, l'odeur, le goût, etc.

La combinaison de ces deux sortes caractérise la matière absolue. Un corps matériel, c'est des formes d'obscurité, plus la substance obscure, rendues visibles ou illuminées par la lumière abstraite. Mais quelle est la cause des diverses formes de l'obscurité?

Celles-ci, de même que les formes de la lumière, doivent leur existence à la lumière abstraite, dont les différentes illuminations produisent la diversité dans les sphères de l'être. Les formes, qui font que les corps diffèrent les uns des autres, n'existent pas dans la nature de la matière absolue. La quantité absolue et la matière absolue étant identiques, si ces formes existaient réellement dans l'*essence* de la matière absolue, tous les corps seraient identiques en ce qui concerne les formes de l'obscurité. Mais ceci est démenti par l'expérience quotidienne. La cause des formes de l'obscurité n'est donc pas la matière absolue. Et, puisque la différence de formes ne peut être attribuée à aucune autre cause, il s'ensuit qu'elles sont dues aux diverses illuminations de la lumière abstraite. Les formes de la lumière comme celles de l'obscurité doivent leur existence à la lumière abstraite. Le troisième élément d'un corps matériel — l'atome ou l'*essence* obscure — n'est pas autre chose qu'un aspect nécessaire de l'affirmation de la lumière. Le corps tout entier dépend donc complètement de la lumière primordiale. L'univers tout entier est en fait une série continue de cercles d'existence qui dépendent tous de la lumière originelle. Ceux qui sont plus rapprochés de la source reçoivent plus d'illumination que ceux qui sont plus éloignés. Toutes les variétés d'existence dans chaque cercle, et les cercles eux-mêmes, sont illuminés par l'entreprise d'un nombre infini d'illuminations, lesquelles maintiennent quelques formes d'existence à l'aide de « lumière consciente » (comme dans le cas de l'homme, de l'animal et de la plante), et d'autres sans elle (dans le cas des minéraux et des éléments premiers). L'immense panorama de diversité que nous nommons univers est donc une vaste ombre de l'infinie variété d'intensité des illuminations et rayons directs et indirects de la lumière primordiale. Les choses sont, pour ainsi dire, nourries par leurs illuminations respectives, vers lesquelles elles se dirigent constamment, avec la passion d'un amant, afin de boire toujours davantage à la source originelle de la lumière. Le monde est un éternel drame d'amour. Les différents niveaux de l'être sont les suivants :

Plan de la lumière primordiale :
1. plan des intellects, père des cieux,
2. plan de l'âme,
3. plan de la forme : plan de la forme idéale ———plan des cieux,
   plan des formes matérielles— plan des éléments :
   a. éléments simples,
   b. éléments composés :
   règne minéral,
   règne végétal,
   règne animal.

Après avoir brièvement indiqué la nature générale de l'être, examinons à présent plus en détail le processus du

monde. Tout ce qui n'est pas lumière est divisé ainsi :
— l'éternel, c'est-à-dire, les intellects, les âmes des corps célestes, les ·cieux, les éléments simples, le temps, le mouvement;
— le contingent, c'est-à-dire les combinaisons des divers éléments. Le mouvement des cieux est éternel, il créé les divers cycles de l'univers. Il est dû au désir intense de l'âme céleste de recevoir l'illumination provenant de la source de toute lumière. La matière dont sont faits les cieux est complètement libérée de l'opération des processus chimiques, qui se rapporte aux formes plus grossières de la « non-lumière ». Chaque ciel a sa propre matière qui lui est particulière. De même, les cieux diffèrent les uns des autres selon la direction de leur mouvement; et la différence s'explique par le fait que le bien-aimé, ou illumination nourricière, est différente dans chaque cas. Le mouvement n'est qu'un aspect du temps. C'est la somme des éléments du temps, qui, en s'extériorisant, constitue le mouvement. La distinction entre passé, présent et futur, n'est effectuée que pour des raisons de commodité, et n'existe pas dans la nature du temps [26]. Nous ne pouvons concevoir le commencement du temps, car ce commencement supposé serait un point du temps lui-même. Le temps et le mouvement sont donc, tous deux, éternels.

Il existe trois éléments primordiaux, l'eau, la terre et le vent. D'après les ishraqî, le feu n'est qu'un souffle enflammé. Ces éléments se combinant sous diverses influences célestes revêtent des états variés — fluide, gazeux, solide. Cette transformation des éléments originels constitue le processus du « faire et défaire » qui pénètre l'entier domaine de la « non-lumière » élevant de plus en plus haut les différentes formes d'existence, et les rapprochant de plus en plus des forces d'illumination. Tous les phénomènes de la nature — la pluie, le vent, le tonnerre, les météores — sont les diverses manifestations de ce principe immanent de mouvement, et s'expliquent par l'action directe ou indirecte de la lumière originelle sur les choses, qui diffèrent les unes des autres quant à leur capacité de recevoir plus ou moins d'illumination. En un mot, l'univers est un désir pétrifié, une aspiration cristallisée vers la lumière.

Mais est-il éternel ? l'univers est une manifestation de la puissance illuminatrice qui constitue la nature essentielle de la lumière originelle. Dans la mesure où il est une manifestation, il n'est qu'un être dépendant et en conséquence n'est pas éternel. Mais en un autre sens, il est éternel. Toutes les diverses sphères de l'être existent par les illuminations et les rayons de la lumière éternelle. Il y a des illuminations qui sont directement éternelles ; tandis qu'il en existe de plus faibles, dont l'apparence dépend de la combinaison d'autres illuminations et rayons. L'existence de celles-ci n'est pas éternelle au même sens que l'existence des illuminations préexistantes qui les ont engendrées. L'existence de la couleur, par exemple, est contingente en comparaison de celle du rayon qui manifeste la couleur lorsqu'un corps sombre est apporté devant un corps illuminant. L'univers, bien que contingent en tant que manifestation, est donc éternel par le caractère éternel de sa source. Ceux qui admettent la non-éternité de l'univers se fondent sur l'hypothèse de la possibilité d'une induction complète. Leur argumentation procède de la façon suivante :

— chaque Abyssin est noir ; tous les Abyssins sont noirs ;
— chaque mouvement commence à un moment précis ; tout mouvement doit commencer ainsi.

Mais ce mode de raisonnement est erroné. Il est absolument impossible d'énoncer la majeure. On ne peut rassembler tous les Abyssins passés, présents et futurs à un moment donné du temps. Un tel univers est par conséquent impossible. Il n'est donc pas permis d'inférer de l'examen des Abyssins pris individuellement, ou d'exemples déterminés de mouvement qui tombent sous le coup de notre expérience, que tous les Abyssins sont noirs, ou que le mouvement a eu un commencement dans le temps.

Psychologie

Le mouvement et la lumière ne sont pas concomitants dans le cas de corps d'un ordre inférieur. Une pierre, par exemple, bien qu'illuminée et donc visible, n'est pas douée de mouvement propre. Cependant, à mesure que nous nous élevons dans l'échelle de l'être, nous trouvons des corps plus élevés, ou des organismes dans lesquels le mouvement et la lumière sont associés. L'illumination abstraite trouve sa meilleure demeure en l'homme. Mais la question se pose de savoir si l'illumination individuelle abstraite, que nous appelons l'âme humaine, a ou n'a pas existé avant son compagnon physique. Le fondateur de la philosophie ishrâqî suit Avicenne à ce propos, et emploie les mêmes arguments pour montrer que les illuminations individuelles abstraites ne peuvent être considérées comme ayant pré-existé comme autant d'unités de lumière. Les catégories matérielles de l'un et du multiple ne peuvent être appliquées à l'illumination abstraite qui, dans sa nature essentielle, n'est ni l'unité ni la multiplicité; bien qu'elle apparaisse comme multiple en raison des degrés variés de réceptivité à l'illumination dans ses accompagnements matériels. La relation entre l'illumination abstraite, ou âme, et le corps, n'est pas celle de la cause et de l'effet; le lien qui les unit est l'amour. Le corps qui aspire à l'illumination la reçoit à travers l'âme, étant donné que sa nature ne lui permet pas une communication directe entre la source de la lumière et lui-même. Mais l'âme ne peut transmettre la lumière reçue directement au sombre corps solide qui, en raison de ses attributs, se trouve au pôle opposé de l'être.

Afin qu'ils soient reliés l'un à l'autre, ils ont besoin d'un intermédiaire entre eux, quelque chose qui se tienne à mi-chemin entre la lumière et l'obscurité. Cet intermédiaire est l'âme animale — vapeur chaude, fine, transparente qui siège principalement dans la cavité gauche du cœur, mais circule aussi dans toutes les parties du corps. C'est à cause de l'identité partielle de l'âme animale avec la lumière que, par les nuits obscures, les animaux terrestres se hâtent vers le feu brûlant, tandis que les animaux marins quittent leur séjour aquatique pour jouir de la vision merveilleuse de la lune. L'idéal de l'homme, c'est donc de s'élever de plus en plus haut dans l'échelle de l'être, et de recevoir de plus en plus l'illumination qui, graduellement, apporte une libération complète du monde des formes. Mais comment réaliser cet idéal ? Par la connaissance et par l'action. C'est la transformation de l'intelligence et de la volonté à la fois, l'union de l'action et de la contemplation qui réalise l'idéal le plus élevé de l'homme. Changez d'attitude à l'égard de l'univers, et adoptez la ligne de conduite que nécessite ce changement. Considérons brièvement ces moyens de réalisation :

a. *La connaissance.* Lorsque l'illumination abstraite s'associe à un organisme plus élevé, elle opère son développement par l'action de certaines facultés — les puissances de lumière, et les puissances d'obscurité. Les premières sont les cinq sens externes, et les cinq sens internes (sensation, conception, imagination, compréhension et mémoire); les secondes sont les puissances de croissance, digestion, etc. Mais une telle division des facultés est seulement commode; « *Une seule faculté peut être la source de toutes opérations* [27] ». Il n'y a qu'une seule puissance dans le milieu du cerveau, bien qu'elle reçoive différents noms à différents points de vue. L'esprit est une unité qui, pour des raisons de commodité, est considérée comme une multiplicité. La puissance qui réside à l'intérieur du cerveau doit être distinguée de l'illumination abstraite qui constitue l'essence réelle de l'homme. Le philosophe de l'illumination semble établir une distinction entre l'esprit actif et l'âme essentiellement inactive; cependant, il enseigne que, de façon mystérieuse, toutes les diverses facultés sont reliées à l'âme.

Le point le plus original dans sa psychologie de l'intellect est sa théorie de la vision [28]. Le rayon de lumière que l'on suppose sortir de l'œil doit être, soit substance, soit qualité. S'il est qualité, il ne peut être transmis d'une substance (l'œil) à une autre substance (le corps visible). Si, au contraire, c'est une substance, ou bien il se meut consciemment, ou bien il est poussé par sa nature propre. Le mouvement conscient ferait de lui un animal qui perçoit d'autres choses. En ce cas, celui qui perçoit serait le rayon, et non l'homme. Si le mouvement du rayon est un attribut de sa nature, il n'y a aucune raison que son mouvement soit particulier à une seule direction et non à toutes. Le rayon de lumière ne peut donc être considéré comme sortant de l'œil. Les disciples d'Aristote prétendent que, dans le processus de la vision, les images des objets sont imprimées sur l'œil. Cette conception est elle aussi erronée, car les images de grands objets ne peuvent être imprimées sur un petit espace. La vérité est que, lorsqu'une chose se présente aux yeux, une illumination se produit, et l'esprit voit l'objet grâce à cette illumination. Lorsqu'il n'y a pas de voile entre l'objet et la vue normale, et que l'esprit est prêt à percevoir, l'acte de la vision doit avoir lieu, car telle est la loi des choses. « *Toute vision est illumination, et nous voyons les choses en Dieu* ». Berkeley expliquait la relativité de nos perceptions visuelles afin de montrer que le fondement ultime de toutes les idées est Dieu. Le philosophe ishrâqî se propose la même fin, bien que sa théorie de la vision ne soit pas tant une explication du processus de la vue qu'une nouvelle façon de concevoir le fait de la vision.

Outre le sens et la raison, cependant, il existe une autre source de connaissance, appelée *dhauq* — perception intérieure qui révèle des niveaux non temporels et non spatiaux de l'être. L'étude de la philosophie, ou l'habitude de réfléchir à de purs concepts, jointe à la pratique de la vertu, conduit au développement de ce sens mystérieux, qui corrobore et corrige les déductions de l'intellect.

b. *L'action.* L'homme, en tant qu'être actif, possède les pouvoirs de motivation suivants :

— la raison ou âme angélique source de l'intelligence, de la discrimination et de l'amour de la connaissance;

— l'âme bestiale, qui est la source de la colère, du courage, de la domination et de l'ambition;

— l'âme animale, source du désir, de la faim, de la passion sexuelle.

La première conduit à la sagesse; la seconde et la troisième mènent respectivement, si elles sont contrôlées par la raison, à la bravoure et à la chasteté. L'usage harmonieux de toutes trois donne naissance à la vertu de justice. La possibilité de progrès spirituel, grâce à la vertu, montre que ce monde est le meilleur monde possible. Les choses telles qu'elles existent ne sont ni bonnes ni mauvaises. C'est le mauvais emploi, ou l'étroitesse de vue, qui les rend ainsi. Le fait du mal ne peut cependant être nié. Le mal existe; mais il est en bien moindre quantité que le bien. Il n'est propre qu'à une partie du monde des ténèbres; tandis qu'il existe d'autres parties de l'univers, qui sont absolument dépourvues de toute souillure du mal. Le sceptique, qui attribue l'existence du mal à l'action créatrice de Dieu, présuppose une ressemblance entre l'action humaine et l'action divine et ne se rend pas compte que rien de ce qui existe n'est libre, au sens qu'il donne à ce mot. L'activité divine ne peut être considérée comme créatrice du mal au sens où nous considérons certaines formes de l'activité humaine comme cause de mal [29].

C'est donc par l'union de la connaissance et de la vertu que l'âme se libère du monde des ténèbres. A mesure que nous connaissons davantage la nature des choses, nous nous rapprochons de plus en plus du monde de la lumière, et l'amour de ce monde devient de plus en plus intense. Les étapes du développement spirituel sont infinies, car les degrés de l'amour sont infinis. Les principales étapes, cependant, sont les suivantes :
— l'étape du « *je* ». A cette phase, le sentiment de la personnalité est absolument prédominant, et le ressort de l'action humaine est généralement l'égoïsme;
— l'étape du « *tu n'es pas* ». Absorption complète dans les profondeurs de son propre soi avec l'oubli total de toute chose extérieure;
— l'étape du « *je ne suis pas* ». Cette phase est la conséquence nécessaire de la seconde;
— la phase du « *tu es* ». Négation absolue du « *je* » et affirmation du « *toi* », qui signifie la complète résignation à la volonté de Dieu;
— la phase du « *je ne suis pas, et tu n'es pas* ». Négation complète des deux termes de la pensée — l'état de conscience cosmique.

Chacune de ces étapes est marquée par des illuminations plus ou moins intenses, lesquelles sont accompagnées de certains sons ineffables. La mort ne met pas fin au progrès spirituel de l'âme. Les âmes individuelles, après la mort, ne sont pas unifiées en une seule âme mais continuent, différentes les unes des autres, proportionnellement à l'illumination qu'elles reçurent alors qu'elles étaient accompagnées d'organismes physiques. Le philosophe de l'illumination devance la théorie de Leibniz sur l'identité des indiscernables, et affirme qu'il n'existe pas deux âmes qui puissent être complètement semblables [30]. Lorsque le dispositif matériel qu'elle adopte en vue d'acquérir une illumination graduelle est épuisé, l'âme prend probablement un autre corps déterminé par les expériences de la vie précédente; et elle s'élève de plus en plus haut dans les différentes sphères de l'être, adoptant les formes particulières à ces sphères, jusqu'à ce qu'elle atteigne sa destination : l'état de négation absolue. Certaines âmes reviennent probablement dans ce monde afin de compenser leurs déficiences [31]. La doctrine de la transmigration ne peut être prouvée ni controuvée d'un point de vue purement logique, bien que ce soit une hypothèse probable pour expliquer la destinée future de l'âme. Toutes les âmes voyagent ainsi constamment vers leur source commune, laquelle rappelle à elle l'univers entier lorsque ce voyage est terminé, et remet en branle un autre cycle de l'être qui reproduira pratiquement l'histoire des cycles précédents.

Telle est la philosophie du grand martyr persan. Il est, à proprement parler, le premier auteur persan d'un système qui reconnaisse des éléments de vérité dans tous les aspects de la spéculation persane, et opère une habile synthèse dans sa propre doctrine. Il est panthéiste, en tant qu'il définit Dieu comme la somme totale de toute existence sensible et idéale [32]. Pour lui, contrairement à certains de ses prédécesseurs soufis, le monde est quelque chose de réel et l'âme humaine une individualité distincte. Avec les théologiens orthodoxes, il soutient que la cause ultime de chaque phénomène est la lumière absolue dont l'illumination constitue l'essence même de l'univers. Dans sa psychologie, il suit Avicenne, mais son traitement de cette discipline est plus systématique et plus empirique. Comme philosophe de l'éthique, il est disciple d'Aristote, dont il explique et élucide de façon approfondie la doctrine du moyen. Par-dessus tout, il modifie et transforme le néo-platonisme traditionnel en un système de pensée tout à fait persan lequel, non seulement se rapproche de Platon, mais aussi spiritualise le vieux dualisme persan. Aucun penseur persan n'est, plus que lui, conscient de la nécessité d'expliquer tous les aspects de l'existence objective en se référant à ses principes fondamentaux. Il fait constamment appel à l'expérience, et s'efforce d'expliquer jusqu'aux phénomènes physiques à la lumière de sa théorie de l'illumination. Dans son système, l'objectivité, qui était complètement éclipsée par le caractère excessivement subjectif du panthéisme extrême, affirme à nouveau ses droits, et après avoir été soumise à un examen détaillé, reçoit une explication compréhensive. Il n'est rien d'étonnant à ce que ce penseur pénétrant ait réussi à fonder une doctrine qui a toujours exercé le plus grand attrait sur les esprits — unissant la spéculation et l'émotion en une parfaite harmonie [33]. L'étroitesse d'esprit de ses contemporains lui valut le titre de *maqtul* (le tué), voulant dire qu'il ne devait pas être considéré comme *shahid* (martyr) ; mais les générations suivantes de soufis et de philosophes lui ont toujours voué la vénération la plus profonde.

La réalité en tant que pensée :
Al-Jîlî

Al-Jîlî naquit en l'an 767 de l'Hégire, ainsi qu'il le dit lui-même dans l'un de ses vers, et mourut en l'an 811 de l'Hégire. Ce n'était pas un écrivain fécond comme le sheikh Muhy Al-Dîn Ibn 'Arabî, dont le mode de pensée semble avoir grandement influencé son enseignement. Il unissait en lui-même l'imagination poétique et le génie philosophique, mais sa poésie n'est que le véhicule de ses doctrines mystiques et métaphysiques. Entre autres livres, il écrivit un commentaire sur *Al-Futûhât al-Makkiya* du sheikh Muhy Al-Dîn Ibn 'Arabî, un commentaire sur *Bismillâh*, et le fameux ouvrage *Insân ul-Kâmil* (imprimé au Caire).

L'*essence* pure et simple, dit-il, est la chose à laquelle

sont donnés des noms et des attributs, qu'elle existe en fait ou en idée. Ce qui existe est de deux sortes :
— l'existant dans l'absolu ou l'existence pure (l'Être pur) : Dieu;
— l'existence unie à la non-existence (la création) : la nature.

L'*essence* de Dieu ou pensée pure ne peut être comprise; les mots ne peuvent l'exprimer, car elle est au-delà de toute relation. Or la connaissance est relation. L'intellect s'envolant à travers l'espace vide sans bornes pénètre le voile des noms et des attributs, traverse la vaste sphère du temps, entre dans le domaine du non-existant et découvre que l'essence de la pensée pure est une existence qui est non-existence : une somme de contradictions [34]. Elle a deux accidents : la vie éternelle dans tout le temps passé et la vie éternelle dans tout le temps futur. Elle a deux qualités : Dieu et la création. Elle a deux définitions : elle peut être créée ou elle peut ne pas l'être. Elle a deux noms : Dieu et l'homme. Elle a deux aspects : le manifesté (ce monde-ci) et le non-manifesté (l'autre monde). Elle a deux effets : la nécessité et la possibilité. Elle a deux points de vue; d'après le premier, elle est non-existante pour elle-même, mais existante pour ce qui n'est pas elle-même; d'après le second, elle est existante pour elle-même et non-existante pour ce qui n'est pas elle-même.

Le nom, dit-il, fixe ce qui est nommé dans la compréhension, le dépeint dans l'esprit, le représente dans l'imagination et le conserve dans la mémoire. C'est l'extérieur ou l'écorce pour ainsi dire de ce qui est nommé; tandis que ce qui est nommé est l'intérieur ou la moelle. Certains noms n'existent pas en réalité, mais seulement en nom, comme *anqâ* (oiseau fabuleux). C'est un nom dont l'objet n'existe pas dans la réalité. De même que *anqâ* est absolument non-existant, de même Dieu est absolument présent, bien qu'Il ne puisse être vu ni touché. L'*anqâ* n'existe qu'en idée, tandis que l'objet du nom *Allah* existe en réalité et peut être connu comme l'*anqâ* seulement par ses noms et attributs. Le nom est un miroir qui révèle tous les secrets de l'être absolu; c'est une lumière par l'entremise de laquelle Dieu Se voit Lui-même. Al-Jîlî se rapproche ici de la conception ismaélienne selon laquelle nous devons rechercher le nommé au moyen du nom.

Afin de comprendre ce passage, il nous faut nous remémorer les trois phases de l'évolution de l'être pur, telles qu'il les énumère. Il admet que l'existence absolue ou être pur lorsqu'il abandonne son absolu passe par trois phases : unité; lui; je. Dans la première phase, il y a absence de tous attributs et relations, cependant il est appelé Un, et l'unité marque donc une étape loin de l'absolu. Dans la seconde phase, l'être pur est encore libre de toute manifestation, tandis que la troisième phase, le je, n'est autre qu'une manifestation externe du « lui »; ou, comme le dirait Hegel, c'est la propre scission de Dieu. Cette troisième phase est la sphère du nom *Allah*; ici, l'obscurité de l'être pur est illuminée, la nature émerge, l'être absolu est devenu conscient. Il dit en outre que le nom *Allah* est le support de toutes les perfections des différentes phases de la divinité, et dans la seconde étape de l'évolution de l'être pur, tout ce qui est le résultat de la scission divine était contenu en potentialité dans l'étreinte titanique de ce nom qui, à la troisième phase de l'évolution, s'est objectivé, est devenu un miroir dans lequel Dieu s'est reflété et, par sa cristallisation, a chassé toute l'ombre de l'être absolu.

De manière correspondante à ces trois étapes de l'évolution absolue, l'homme parfait a trois étapes d'entraînement spirituel. Mais dans son cas le processus du développement doit être l'inverse; car en ce qui le concerne il s'agit d'un processus d'ascension, tandis que l'être absolu a été essentiellement soumis à un processus de descente. Dans la première phase de son développement spirituel, il médite sur le nom, étudie la nature que ce dernier marque de son sceau ; dans la seconde phase, il pénètre dans la sphère de l'attribut, et dans la troisième étape, il pénètre dans la sphère de l'*essence*. C'est là qu'il devient l'homme parfait ; son œil devient l'œil de Dieu, sa parole la parole de Dieu et sa vie la vie de Dieu ; il participe à la vie générale de la nature et « *voit dans la vie des choses* ».

Venons-en maintenant à la nature de l'attribut. Ses conceptions de cette intéressante question sont très importantes, parce qu'ici sa doctrine diffère fondamentalement de l'idéalisme hindou. Il définit l'attribut comme un moyen qui nous donne une connaissance de l'état des choses [35]. Ailleurs, il dit que la distinction de l'attribut et de la réalité sous-jacente ne vaut que dans la sphère du manifesté, parce qu'ici chaque attribut est considéré comme « l'autre » de la réalité dans laquelle il est supposé habiter. L' « autre » est dû à l'existence de la combinaison et de la désintégration dans la sphère du manifesté. Mais la distinction ne joue pas dans le domaine du non-manifesté, parce qu'il n'y a là ni combinaison, ni désintégration. Il nous faut remarquer combien profondément il diffère des partisans de la doctrine de *Mâyâ*. Il croit que le monde matériel possède une existence réelle ; sans doute, c'est l'enveloppe extérieure de l'être réel, mais cette enveloppe extérieure n'en est pas moins réelle. La cause du monde phénoménal, selon lui, n'est pas une entité réelle cachée derrière la somme des attributs, mais c'est une conception fournie par l'esprit de façon qu'il n'y ait pas de difficulté à comprendre le monde matériel.

Berkeley et Fichte seront jusque-là d'accord avec notre auteur, mais sa conception le conduit à la doctrine hégélienne la plus caractéristique : l'identité de la pensée et de l'être. Dans le 37e chapitre du second volume de *Insân ul-Kâmil*, il dit clairement que l'idée est la substance dont est fait l'univers ; la pensée, l'idée, la notion sont les matériaux de la structure de la nature. Insistant sur ce point, il dit : « *Ne regardes-tu pas ta propre croyance ? Où est la réalité dans laquelle sont inhérentes les soi-disant attributs divins ? Ce n'est que l'idée.* » La nature n'est donc qu'une idée cristallisée. Il donne son plein assentiment aux résultats de la *Critique de la raison pure* de Kant; mais à la différence de ce dernier, il fait de cette idée même l'essence de l'univers. Pour lui, le *Ding an sich* de Kant est une pure entité; il n'y a rien derrière l'assemblage des attributs. Les attributs sont les choses réelles, le monde matériel n'est que l'objectivation de l'être absolu; c'est l'autre soi de l'absolu, un autre qui doit son existence au principe de différence dans la nature de l'absolu lui-même. La nature est l'idée de Dieu, quelque chose qui est nécessaire pour qu'Il Se connaisse Lui-même. Tandis que Hegel appelle sa doctrine l'identité de la pensée et de l'être, Al-Jîlî l'appelle l'identité de l'attribut et de la réalité. Il faut noter que la phrase de l'auteur « *le monde des attributs* », qu'il utilise pour le monde matériel, est légèrement trompeuse. Ce qu'il prétend, en fait, c'est que la distinction de l'attribut et de la réalité est purement phénoménale, et n'existe pas dans la nature des choses. Elle est utile, parce qu'elle facilite notre compréhension du monde qui nous entoure, mais elle n'est pas du tout réelle. Notons que Al-Jîlî ne reconnaît la vérité de l'idéalisme empirique qu'avec réserve et n'admet pas que la distinction ait un caractère absolu.

Ces remarques ne doivent pas nous induire à comprendre que Al-Jîlî ne croit pas en la réalité objective de la chose en soi. En fait, il y croit, mais aussi il affirme son unité et déclare que le monde matériel est la chose en soi; c'est l' « autre », l'expression extérieure de la chose en soi. La *Ding an sich* et son expression extérieure, ou la production de sa propre scission, sont véritablement identiques, bien que nous opérions une discrimination entre elles afin de faciliter notre compréhension de l'univers. Si elles ne sont pas identiques, dit-il, comment l'un pourrait-il manifester l'autre ? En un mot, il désigne par *Ding an sich* l'être pur, absolu, et le recherche à travers sa manifestation ou expression extérieure. Il dit qu'aussi longtemps que nous ne nous rendons pas compte de l'identité de l'attribut et de la réalité, le monde matériel ou monde des attributs semble être un voile; mais, lorsque nous avons compris la doctrine, le voile se lève; nous voyons partout l'*essence* elle-même, et nous apercevons que tous les attributs ne sont autres que nous-mêmes. La nature apparaît alors sous son véritable jour; tout sentiment de l' « autre » disparaît, et nous sommes un avec elle. La brûlante morsure de la curiosité s'apaise, et l'attitude interrogative de notre esprit fait place à un état de calme philosophique. Pour celui qui a compris cette identité, les découvertes de la science n'apportent rien de nouveau; et la religion, avec son rôle d'autorité surnaturelle, n'a plus rien à dire. C'est là l'émancipation spirituelle.

Voyons maintenant comment il classe les noms et les attributs divins qui s'expriment dans la nature ou divinité cristallisée. Sa classification est la suivante :
— les noms et attributs de Dieu tel qu'Il est en Lui-même (Allah, l'Un, l'Unique, la Lumière, la Vérité, le Pur, le Vivant);
— les noms et attributs de Dieu en tant que source de toute gloire (le Grand et le Très-Haut, le Tout-Puissant);
— les noms et attributs de Dieu en tant que toute perfection (le Créateur, le Bienfaiteur, le Premier, le Dernier);
— les noms et attributs de Dieu en tant que toute beauté (Celui qui ne peut être créé, le Peintre, le Compatissant, l'Origine de toutes choses). Chacun de ces noms et attributs possède son propre effet particulier, par lequel il illumine l'âme de l'homme parfait et la nature. La façon dont s'effectuent ces illuminations et dont elles atteignent l'âme n'est pas expliquée par Al-Jîlî. Son silence au sujet de ces questions met en relief le côté mystique de ses opinions et implique la nécessité d'une direction de conscience.

Avant d'examiner l'opinion de Al-Jîlî en ce qui concerne les noms et attributs divins particuliers, nous remarquerons que sa conception de Dieu, impliquée dans la classification ci-dessus, ressemble beaucoup à celle de Schleiermacher. Tandis que le théologien allemand réduit tous les attributs divins à un seul attribut de puissance, notre auteur aperçoit le danger de présenter Dieu comme libre de tout attribut; cependant, il reconnaît avec Schleiermacher qu'en Lui-même Dieu est une unité inchangeable, et que Ses attributs « *ne sont rien de plus que des visions de Lui d'après des points de vue humains différents, les diverses apparences que l'unique cause immuable présente à notre intelligence finie, selon que nous la regardons de différents côtés du paysage spirituel* [36] ». Dans Son existence absolue, Il est au-delà de la limitation des noms et des attributs, mais lorsqu'Il S'extériorise, lorsqu'Il abandonne Son absoluité, lorsque naît la nature, les noms et les attributs apparaissent empreints sur Son étoffe même.

Considérons maintenant quel est son enseignement sur les noms et les attributs divins particuliers. Le premier nom essentiel est *Allah* (divinité) qui signifie la somme de toutes les réalités de l'existence avec leur ordre respectif dans cette somme. Ce nom s'applique à Dieu en tant que seule existence nécessaire. La divinité étant la manifestation la plus haute de l'être pur, la différence entre eux est que ce dernier est visible aux yeux, mais que son « où » est invisible; tandis que les traces de la première sont visibles, elle-même, étant invisible. Par le fait même qu'elle est divinité cristallisée, la nature n'est pas la divinité réelle; c'est pourquoi la divinité est invisible, et ses traces sous la forme de la nature sont visibles aux yeux. La divinité comme l'explique l'auteur, est de l'eau; la nature est de l'eau cristallisée ou glace; mais la glace n'est pas l'eau. L'*essence* est visible aux yeux (autre preuve du réalisme naturel ou de l'idéalisme absolu de notre auteur), bien que tous ses attributs ne nous soient pas connus. Même ses attributs ne sont pas connus tels qu'ils sont en eux-mêmes, seuls sont connus leurs ombres ou effets. Par exemple, la charité elle-même est inconnue, seul son effet ou fait de donner aux pauvres est vu et connu. Ceci vient de ce que les attributs sont incorporés dans la nature même de l'*essence*. Si l'expression des attributs dans sa nature réelle avait été possible, sa séparation de l'*essence* aurait été possible également. Mais il y a d'autres noms essentiels de Dieu — L'Unicité absolue et L'Unicité simple. L'Unicité absolue indique la première étape de la pensée pure à partir des ténèbres de l'aveuglement (la *Mâyâ* interne ou originelle du védanta) vers la lumière de la manifestation. Bien que ce mouvement ne s'accompagne d'aucune manifestation extérieure, il les englobe toutes dans son universalité. Regardez un mur, dit notre auteur, vous voyez le mur entier ; mais vous ne pouvez voir les morceaux individuels du matériau qui contribue à sa formation. Le mur est une unité — mais une unité qui inclut la diversité — de même l'être pur est une unité, mais une unité qui est l'âme de la diversité.

Le troisième mouvement de l'être absolu est l'Unicité simple — étape accompagnée de manifestation extérieure. L'Unicité absolue est libre de tous noms et attributs praticuliers. L'Unicité simple assume des noms et des attributs, mais il n'y a pas de distinction entre ces attributs, l'un est l'*essence* de l'autre. La divinité est analogue à l'Unicité simple, mais ses noms et attributs se distinguent les uns des autres et sont même contradictoires, comme généreux est le contraire de vindicatif. La troisième étape, ou comme dirait Hegel, le voyage de l'être, a une autre appellation (la miséricorde). La première miséricorde, dit l'auteur, est l'évolution de l'univers à partir de lui-même et la manifestation de son propre soi dans chaque atome du résultat de sa propre scission. Al-Jîlî éclaircit ce point par un exemple. Il dit que la nature est de l'eau gelée et Dieu est l'eau. Le véritable nom de la nature est Dieu *(Allah)* ;

la glace ou l'eau condensée n'est qu'une appellation d'emprunt. Ailleurs, il désigne l'eau comme origine de la connaissance, de l'intellect, de la compréhension, de la pensée et de l'idée. Cet exemple le conduit à mettre en garde contre l'erreur qui consiste à considérer Dieu comme immanent dans la nature, ou pénétrant la sphère de l'existence matérielle. Il dit que l'immanence implique la disparité de l'être; Dieu n'est pas immanent parce qu'Il est Lui-même l'existence. L'existence éternelle est l'autre soi de Dieu, c'est la lumière par laquelle Il Se voit Lui-même. De même que l'auteur d'une idée est existant dans cette idée, de même Dieu est présent dans la nature. La différence entre Dieu et l'homme, pourrait-on dire, c'est que Ses idées se matérialisent et les nôtres ne le font pas. On se souviendra à ce propos que Hegel utilise le même raisonnement pour s'exempter de l'accusation de panthéisme.

L'attribut de la miséricorde est étroitement rattaché à l'attribut de la providence. Il la définit comme la somme de tout ce dont l'existence a besoin. Les plantes sont alimentées d'eau par la force de ce nom. Le physicien dirait la même chose en termes différents; il parlerait du même phénomène comme résultant de l'activité d'une certaine force de la nature; Al-Jîlî l'appellerait une manifestation de la providence; mais, contrairement au physicien, il ne soutiendrait pas que cette force est inconnaissable. Il dirait qu'il n'y a rien derrière elle, que c'est l'Être absolu Lui-même.

Nous en avons maintenant terminé avec tous les noms et attributs essentiels de Dieu, et allons examiner la nature de ce qui existait avant toutes choses. Le Prophète arabe, dit Al-Jîlî, fut un jour interrogé au sujet de la place de Dieu avant la création. Il dit que Dieu, avant la création, existait en 'Amâ (cécité). C'est la nature de cette cécité ou ténèbres primordiales que nous allons maintenant examiner. Cette recherche offre un intérêt particulier, parce que le mot, traduit en style moderne, serait *l'inconscient*. Ce seul mot nous montre la sûreté d'intuition avec laquelle il devance les doctrines métaphysiques de l'Allemagne moderne. Il dit que l'inconscience est la réalité de toutes les réalités; c'est l'être pur sans aucun mouvement de descente. Elle est dénuée des attributs de Dieu et de la création; elle n'a besoin d'aucun nom ou qualité, parce qu'elle est au-delà de la sphère de la relation. Elle se distingue de l'Unicité absolue parce que ce dernier nom s'applique à l'être pur dans le processus par lequel il descend vers la manifestation. Il faut, néanmoins, se souvenir que lorsque nous parlons de la priorité de Dieu et de la postériorité de la création, ces mots ne doivent pas s'entendre comme impliquant le temps; car il ne peut y avoir de durée de temps ou de séparation entre Dieu et Sa création. Le temps, la continuité dans l'espace et le temps, sont eux-mêmes des créations, et comment une partie de la création peut-elle intervenir entre Dieu et sa création? Donc nos termes *avant*, *après*, *où*, *d'où*, etc., dans cette sphère de la pensée, ne devraient pas être interprétés comme impliquant le temps ou l'espace. La chose réelle est hors de l'atteinte des conceptions humaines; aucune catégorie de l'existence matérielle ne peut lui être applicable, car, ainsi que le dirait Kant, l'on ne peut parler des lois des phénomènes comme effectives dans le domaine des noumènes.

Nous avons déjà observé que l'homme, dans ses progrès vers la perfection, passe par trois phases : la première consiste en la méditation du nom que l'auteur appelle l'illumination des noms. Il remarque que « *lorsque Dieu illumine un certain homme par la lumière de Ses noms, l'homme est détruit par l'éblouissante splendeur de ce nom* »; et « *quand tu appelles Dieu, l'homme répond à l'appel* ». L'effet de cette illumination serait, dans le langage de Schopenhauer, la destruction de la volonté individuelle; néanmoins il ne faut pas la confondre avec la mort physique, car l'individu continue à vivre et à se mouvoir comme la roue qui tourne, comme dirait Kapila, après qu'il soit devenu un avec Prakriti. C'est alors que l'individu s'écrie, dans une attitude d'esprit panthéiste : « *Elle était moi et j'étais elle, et il n'y avait personne pour nous séparer* [38]. »

La seconde étape de l'entraînement spirituel est ce qu'il dénomme l'illumination de l'attribut. Cette illumination fait recevoir à l'homme parfait les attributs de Dieu en leur nature réelle, proportionnellement au pouvoir de réceptivité qu'il possède — ce qui classifie les hommes selon la grandeur de cette lumière qui résulte de l'illumination. Certains hommes reçoivent l'illumination de l'attribut divin de la vie, et ainsi participent à l'âme de l'univers. L'effet de cette lumière est de permettre de s'envoler dans les airs, de marcher sur l'eau, de changer la grandeur des choses (ainsi que le Christ le fit si souvent). De cette manière, l'homme parfait reçoit l'illumination provenant de tous les attributs divins, traverse la sphère du nom et de l'attribut, et parvient dans le domaine de l'*essence* (existence absolue).

Ainsi que nous l'avons déjà vu, l'être absolu, lorsqu'il abandonne son absoluité, a trois voyages à entreprendre, chaque voyage étant un processus de particularisation de la nue universalité de l'*essence* absolue. Chacun de ces trois mouvements apparaît sous un nouveau nom essentiel qui exerce son propre effet illuminateur particulier sur l'âme humaine. Telle est la fin de l'éthique spirituelle de notre auteur; *l'homme est devenu parfait*, il s'est fondu avec l'être absolu, ou *a appris ce que Hegel appelle la philosophie absolue.* « *Il devient le parangon de la perfection, l'objet de l'adoration, le préservateur de l'univers* [39]. » Il constitue le point où l'humain et le divin deviennent un, et ont pour résultat la naissance de l'homme-dieu.

Comment l'homme parfait atteint ce degré de développement spirituel, l'auteur ne nous le dit pas; mais il nous dit qu'à chaque étape il passe par une expérience particulière dans laquelle il n'y a pas la moindre trace de doute ou d'agitation. L'instrument de cette expérience est ce qu'il appelle le *qalb* (cœur), terme très difficile à définir. Il donne un diagramme très mystique du *qalb*, et l'explique en disant que c'est l'œil qui voit les noms, les attributs et l'être absolu successivement. Il doit son existence à une mystérieuse combinaison de l'âme et de l'esprit et devient par sa nature même l'organe servant à reconnaître les nécessités ultimes de l'existence. Tout ce que le « cœur », ou source de ce que le vedanta appelle la connaissance supérieure, révèle, n'est pas vu par l'individu comme quelque chose de séparé de lui-même et qui lui soit hétérogène ; ce qui lui est montré par ce moyen, c'est sa propre réalité, son propre être profond [40]. Cette caractéristique de l'agent le différencie de l'intellect, dont l'objet est toujours différent et séparé de l'individu qui exerce cette faculté. Mais l'expérience spirituelle selon les soufis de cette école, n'est pas permanente ; les moments de vision spirituelle, dit Matthew Arnold, ne peuvent être à nos ordres. L'homme-dieu est celui qui a connu le mystère de son propre être, qui s'est réalisé comme homme-dieu ; mais lorsque cette réalisation spirituelle déterminée est passée, l'homme est l'homme et Dieu est Dieu. Si l'expérience avait été permanente, une grande force morale aurait été perdue et la société renversée.

Résumons à présent la *Doctrine de la trinité* de Al-Jîlî. Nous avons vu les trois mouvements de l'être absolu, ou les trois premières catégories de l'être pur ; nous avons vu aussi que le troisième mouvement s'accompagne de manifestation extérieure, laquelle est la scission de l'*essence* en Dieu et homme. Cette séparation crée un vide qui est rempli par l'homme parfait, qui partage à la fois les attributs divins et les attributs humains. Il affirme que l'homme parfait est le préservateur de l'univers ; de là vient que, selon lui, l'apparition de l'homme parfait est

une condition nécessaire pour la continuation de la nature.
Il est donc aisé de comprendre que dans l'homme, l'être
absolu qui a abandonné son caractère absolu, retourne à
lui-même; et, sans l'homme-dieu, il n'aurait pu le faire; car
alors il n'y aurait pas eu de nature, et en conséquence pas
de lumière grâce à laquelle Dieu aurait pu Se voir. La
lumière par le moyen de laquelle Dieu Se voit est due au
principe de différence dans la nature de l'être absolu lui-
même. Il reconnaît ce principe dans les vers suivants :

« *Si vous dites que Dieu est un, vous avez raison; mais si
vous dites qu'Il est deux, ceci aussi est vrai.*
*Si vous dites que non, Il est trois, vous avez raison, car telle
est la véritable nature de l'homme* [41]. »

L'homme parfait est donc le chaînon intermédiaire.
D'une part il reçoit, de tous les noms essentiels, l'illumination, d'autre part tous les attributs divins réapparaissent
en lui. Ces attributs sont :
— la vie ou l'existence indépendante;
— la connaissance, qui est une forme de la vie, ainsi qu'il
le prouve par un verset du *Qor'ân;*
— la volonté — principe de particularisation, ou manifestation de l'Être. Il la définit comme l'illumination de la
connaissance de Dieu d'après les besoins de l'*essence;* c'est
donc une forme particulière de connaissance. Elle a neuf
manifestations, dont toutes sont des noms différents de
l'amour; la dernière est l'amour dans lequel l'amant et
l'aimé, le connaisseur et le connu se fondent l'un en l'autre
et deviennent identiques. Cette forme de l'amour, dit-il, est
l'*essence* absolue; comme l'enseigne le christianisme, Dieu
est amour. Il met en garde, ici, contre l'erreur qui consiste
à regarder l'acte individuel de volonté comme sans cause.
Seul l'acte de la volonté universelle est incausé; il implique
donc la doctrine hégélienne de la liberté, et soutient que les
actes des hommes sont à la fois libres et déterminés;

— la puissance, qui s'exprime en scission de soi, c'est-à-dire en création. Il discute l'opinion du sheikh Muhy Al-Dîn Ibn 'Arabî, lequel affirmait que l'univers existait avant la création dans la connaissance de Dieu. Ceci, dit-il, impliquerait que Dieu ne l'a pas créé à partir de rien, et soutient que l'univers avant son existence, en tant qu'idée, existait dans le moi de Dieu;
— le verbe ou être réfléchi. Chaque possibilité est le verbe de Dieu; donc la nature est la matérialisation du verbe de Dieu. Il a différents noms — le verbe tangible, la somme des réalités de l'homme, l'arrangement de la divinité, l'extension de l'unicité, l'expression de l'inconnu. Les phases de la beauté, la trace des noms et attributs et l'objet de la science de Dieu;
— le pouvoir d'entendre l'inaudible;
— le pouvoir de voir l'invisible;
— la beauté; ce qui semble le moins beau dans la nature (la beauté réfléchie) est dans son existence réelle, beauté. Le mal n'est que relatif, il n'a pas d'existence réelle; le péché est simplement une difformité relative;
— la gloire ou la beauté dans son intensité;
— la perfection, qui est l'*essence* inconnaissable de Dieu, est en conséquence illimitée et infinie.

6. La pensée persane tardive

Sous la domination des rudes envahisseurs tartares de la Perse qui ne pouvaient sympathiser avec une pensée indépendante, les idées ne pouvaient progresser. Le soufisme, en raison de son association avec la religion, continua à systématiser les anciennes idées et à en élaborer de nouvelles. Mais la philosophie proprement dite répugnait aux Tartares. Même le développement du droit islamique fut freiné; car le droit hanafite représentait pour les Tartares le point culminant de la raison humaine et les subtilités plus poussées d'interprétation juridique leur étaient désagréables. Les anciennes écoles de pensée perdirent leur solidarité et de nombreux penseurs quittèrent leur pays natal pour trouver ailleurs des conditions plus favorables. Au 16e siècle, nous trouvons des aristotéliciens persans — Dastur Isfahani, Hir Bud, Munir et Kamran — voyageant aux Indes, où l'empereur Akbar comptait sur le zoroastrisme pour constituer une religion nouvelle pour lui-même et pour ses courtisans qui étaient en majorité persans. Cependant, aucun grand penseur n'apparut en Perse jusqu'au 17e siècle, lorsque le pénétrant Mulla Sâdrâ de Shiraz défendit son système philosophique avec toute la vigueur de sa puissante logique. Pour Mulla Sâdrâ, la réalité est toutes choses et cependant n'est aucune d'elles, et la connaissance véritable consiste en l'identité du sujet et de l'objet. Gobineau pense que la philosophie de Sâdrâ est une pure revivification de l'avicennisme. Il ne tient, toutefois, pas compte du fait que la doctrine de Mulla Sâdrâ de l'identité du sujet et de l'objet constitue l'étape finale de la pensée persane vers un monisme absolu. En outre, c'est la philosophie de Sâdrâ qui est la source de la métaphysique du babisme primitif.

Mais le mouvement vers le platonisme est le mieux illustré par Mulla Hâdî de Sabzwar, qui vivait au 18e siècle; il est considéré par ses compatriotes comme le plus grand des penseurs persans modernes. Comme spécimen de la spéculation persane relativement récente, je puis indiquer brièvement ici les opinions de ce grand penseur, telles qu'elles sont exprimées dans son *Asrar al-Hikam* (publié en Perse). Un coup d'œil jeté sur son enseignement philosophique révèle trois conceptions fondamentales qui sont indissolublement associées à la pensée persane post-islamique :

— l'idée de l'unité absolue du réel qui est décrit comme « lumière »;
— l'idée de l'évolution, qui est faiblement visible dans la doctrine de Zoroastre concernant la destinée de l'âme humaine, et qui s'accroît et se systématise chez les néo-platoniciens persans et les penseurs soufis;
— l'idée d'un intermédiaire entre le réel absolu et le non-réel.

Il est extrêmement intéressant d'observer comment l'esprit persan se débarrassa peu à peu de la théorie de l'émanation du néo-platonisme et parvint à une notion plus pure de la philosophie de Platon. Les musulmans arabes d'Espagne, par un processus similaire d'élimination, parvinrent, par le même jalon, le néo-platonisme, à une conception plus exacte de la philosophie d'Aristote; fait qui illustre le génie des deux races. Lewes, dans son *Histoire biographique de la philosophie*, remarque que les Arabes entreprirent ardemment l'étude d'Aristote, simplement parce que Platon ne leur avait pas été découvert.

Je suis cependant enclin à penser que le génie arabe était essentiellement pratique; c'est pourquoi la philosophie de Platon leur aurait déplu, même si elle leur avait été présentée sous son véritable jour. Parmi les systèmes de philosophie grecque, le néo-platonisme fut, je crois, le seul qui fut présenté de façon complète au monde musulman; cependant, une patiente recherche critique conduisit les Arabes de Plotin à Aristote, et les Persans à Platon. Ceci se manifeste tout particulièrement dans la philosophie de Mulla Hâdî, qui ne reconnaît pas d'émanation et se rapproche de la conception platonique du réel. Il montre, en outre, comment la spéculation philosophique en Perse, comme dans tous les pays où la physique n'existe pas ou n'est pas étudiée, fut finalement absorbée par la religion. L'*essence*, c'est-à-dire la cause métaphysique, distinguée de la cause scientifique qui signifie la somme des conditions antécédentes, doit graduellement se transformer en « volonté personnelle » (cause, au sens religieux) en l'absence de toute autre notion de cause. Et ceci est peut-être la raison profonde pour laquelle les philosophies persanes finissent religion.

Voyons maintenant le système de pensée de Mulla Hâdî. Il enseigne que la raison a deux aspects :
— théorique : dont l'objet est la philosophie et les mathématiques;
— pratique : dont l'objet est l'économie domestique, la politique, etc.

La philosophie proprement dite comprend la connaissance du commencement des choses, de la fin des choses, et la connaissance de soi. Elle comprend aussi la connais-

sance de la loi de Dieu, qui est identique à la religion. Afin de comprendre l'origine des choses, il faut que nous soumettions à une analyse pénétrante les divers phénomènes de l'univers. Une telle analyse révèle qu'il existe trois principes originels [1] :
— le réel, lumière ;
— l'ombre ;
— le non-réel, obscurité.

Le réel est absolu, et nécessaire, et se distingue de l'*ombre* qui est relative et contingente. De par sa nature, il est absolument bon ; et la proposition qu'il est bon, est évidente par elle-même [2]. Toutes les formes d'existence potentielle, avant d'être actualisées par le réel, sont susceptibles à la fois d'existence ou de non-existence, et leurs possibilités d'existence ou de non-existence sont exactement égales. Il s'ensuit que le réel qui actualise le potentiel n'est pas lui-même non-existence, car la non-existence agissant sur la non-existence ne peut produire l'actualité [3].

Mulla Hâdî, dans sa conception du réel en tant qu'agent, modifie la conception statique de l'univers chez Platon et, suivant Aristote, regarde le réel comme la source immuable et l'objet de tout mouvement. « *Toutes les choses dans l'univers*, dit-il, *aiment la perfection et se meuvent vers leur but final, les minéraux vers les végétaux, les végétaux vers les animaux, et les animaux vers l'homme. Et remarquez comme l'homme passe par toutes ces phases dans le sein de sa mère* [4]. » Le moteur en tant que moteur est soit la source ou l'objet du mouvement, ou les deux. En tout cas, le moteur doit être, soit mobile, soit immobile. La proposition que tous les moteurs doivent être eux-mêmes mobiles conduit à un retour en arrière sans fin, lequel doit s'arrêter au moteur immuable, source et but final de tout mouvement. De plus, le réel est une unité pure, car s'il y avait pluralité de réels, l'un limiterait l'autre. Le réel en tant que créateur aussi ne peut être conçu autre qu'unique, car une pluralité de créateurs signifierait une pluralité de mondes qui doivent être circulaires et se touchant entre eux, ce qui de nouveau implique le vide qui est impossible [5]. Considéré comme essence, le réel est donc un. Mais il est aussi multiple, d'un point de vue différent. Il est vie, puissance, amour, bien que nous ne puissions dire que ces qualités lui soient inhérentes; elles sont le réel, et le réel c'est elles. L'unité ne signifie pas être un seul, son essence consiste en « *l'abandon de toutes relations* ». A la différence des soufis et autres penseurs, Mulla Hâdî affirme et s'efforce de montrer que la croyance en la multiplicité n'est pas exclusive de la croyance en l'unité; étant donné que le « multiple » visible n'est rien de plus qu'une manifestation des noms et des attributs du réel. Ces attributs sont les diverses formes de la « connaissance » qui constitue l'essence même du réel.

Toutefois, parler des attributs du réel n'est qu'une commodité verbale, puisque « *définir le réel c'est lui appliquer la catégorie du nombre* »; processus absurde qui tente de faire entrer dans la sphère de la relation ce qui est au-delà de la relation. L'univers, avec toute sa diversité, est l'ombre des noms et attributs divers du réel ou lumière absolue. C'est la réalité qui se déploie, le « sois », ou verbe de la lumière [6]. La multiplicité visible est l'illumination des ténèbres, ou l'actualisation du rien. Les choses sont différentes parce que nous les voyons, pour ainsi dire, à travers des verres de différentes couleurs, les idées. A ce propos, Hâdî cite en l'approuvant le poète Djâmî qui a donné à la doctrine des idées de Platon la plus magnifique expression poétique dans des vers que l'on peut ainsi traduire : « *Les idées sont des verres de diverses couleurs dans lesquels le soleil de la réalité se reflète et se rend visible à travers eux selon qu'ils sont rouges, jaunes ou bleus* [7]. »

Dans sa psychologie, il se montre le disciple d'Avicenne, mais traite le sujet de façon plus approfondie, plus systématique. Voici sa classification de l'âme :

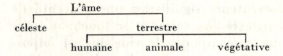

L'âme animale a trois pouvoirs :
1. sens externes,
2. sens internes,
3. pouvoir de mouvement : mouvements volontaire et involontaire

L'âme végétative a trois pouvoirs :
1. préservation de l'individu,
2. amélioration de l'individu,
3. perpétuation de l'espèce.

Les sens externes sont le goût, le toucher, l'odorat, l'ouïe et la vue. Le son existe en dehors de l'oreille, et non à l'intérieur ainsi que l'ont affirmé certains penseurs. Car s'il n'existait pas en dehors de l'oreille, il ne serait pas possible de percevoir sa direction et sa distance. L'ouïe et la vue sont supérieures aux autres sens et la vue est supérieure à l'ouïe, car :
— l'œil peut percevoir des objets éloignés;
— sa perception est la lumière (qui est le meilleur de tous les attributs);
— la construction de l'œil est plus compliquée et plus délicate que celle de l'oreille;
— les perceptions de la vue sont des choses qui existent en fait, tandis que celles de l'ouïe ressemblent à la non-existence.

Les sens internes sont les suivants :
a. Le sens commun, tablette de l'esprit. Il est comme le premier ministre de l'esprit qui envoie cinq informateurs (les sens externes) pour rapporter des nouvelles du monde extérieur. Lorsque nous disons « cet objet blanc est doux », nous percevons la blancheur et la douceur respectivement par la vue et le toucher, mais c'est le sens commun qui décide que ces attributs existent tous deux dans le même objet. La ligne tracée par une goutte qui tombe n'est, pour l'œil, que la goutte. Mais qu'est-ce que cette ligne ?

Pour expliquer un tel phénomène, dit Hâdî, il est nécessaire de postuler un autre sens qui perçoit l'allongement en une ligne de la goutte qui tombe;
b. La faculté qui conserve les perceptions du sens commun, les images et non pas les idées comme la mémoire. Le jugement que la blancheur et la douceur existent dans la même chose est complété par cette faculté, car s'il ne conserve pas l'image du sujet, le sens commun ne peut percevoir le prédicat;
c. Le pouvoir qui perçoit les idées individuelles. Le mouton pense à l'hostilité du loup, et s'enfuit loin de lui. Certaines formes de vie sont dépourvues de ce pouvoir, par exemple le phalène qui se jette sur la flamme de la bougie;
d. La mémoire — conservatrice des idées;
e. Le pouvoir de combiner des images et des idées; par exemple, un homme ailé. Lorsque cette faculté opère sous la direction du pouvoir qui perçoit les idées individuelles, elle est nommée imagination; lorsqu'elle opère sous le contrôle de l'intellect, elle est appelée conception.

Mais c'est l'esprit qui distingue l'homme des autres animaux. Cette essence de l'humanité est une « unité », non unicité. Elle perçoit par elle-même l'universel, et le particulier, par les sens internes et externes; c'est l'ombre de la lumière absolue, et comme elle il se manifeste de façons diverses, comprenant la multiplicité dans son unité. Il n'y a pas de relation nécessaire entre l'esprit et le corps. Ce dernier est non-temporel et non-spatial; il est donc immuable et possède le pouvoir de juger la multiplicité visible. Dans le sommeil, l'esprit utilise le « corps idéal » qui fonctionne comme le corps physique; dans la vie de veille, il utilise le corps physique ordinaire. Il s'ensuit donc que l'esprit n'a besoin ni de l'un, ni de l'autre, et se sert de tous deux à son gré. Hâdî ne suit pas Platon dans sa doctrine de la transmigration, dont il réfute longuement les différentes formes. Pour lui, l'esprit est immortel, et atteint son foyer originel — la lumière absolue — en perfection-

nant graduellement ses facultés. Les diverses étapes du développement de la raison sont les suivantes :
— raison théorique ou raison pure :
première, raison potentielle,
deuxième, perception des propositions évidentes par elles-mêmes,
troisième, raison actuelle,
quatrième, perception des concepts universaux;
— raison pratique :
première, purification extérieure,
deuxième, purification intérieure,
troisième, formation d'habitudes vertueuses,
quatrième, union avec Dieu.

Ainsi, l'esprit s'élève de plus en plus haut dans l'échelle de l'être, pour enfin partager l'éternité de la lumière absolue en se perdant dans son universalité. « *Non existant en lui-même, mais existant dans l'éternel ami : combien merveilleux qu'il soit et ne soit pas en même temps* ». Mais l'esprit est-il libre de choisir sa démarche ? Hâdî critique les rationalistes parce qu'ils font de l'homme un créateur indépendant du mal, et il les accuse de ce qu'il appelle « *dualisme déguisé* ». Il prétend que chaque objet a deux aspects : l'aspect « lumineux » et l'aspect « sombre ». Les choses sont des combinaisons de lumière et d'obscurité. Tout ce qui est bien découle de l'aspect lumière; le mal provient des ténèbres. L'homme est donc à la fois libre et déterminé.

Mais toutes les tendances diverses de la pensée persane trouvent une fois de plus une synthèse dans ce grand mouvement religieux de la Perse moderne : le bâbisme ou bahâisme, qui débuta comme secte shi'ite, avec Mirzâ 'Alî Muhammad Bâb, de Shiraz, (né en 1820) et devint de caractère de moins en moins islamique à mesure qu'augmentaient les persécutions orthodoxes. L'origine de la philosophie de cette remarquable secte doit être recherchée dans la secte shi'ite des sheikhis, dont le fondateur, le sheikh Ahmad, fut un étudiant enthousiaste de la philosophie de Mulla Sâdrâ, sur laquelle il avait écrit plusieurs commentaires. Cette secte différait des shi'ites ordinaires en ce qu'elle affirmait que la croyance en un intermédiaire toujours présent entre l'Imâm absent (le 12e chef de « l'église », dont la manifestation est attendue avec ferveur par les shi'ites) et « l'église » est un principe fondamental de la religion shi'ite; sheikh Ahmad prétendait être un tel intermédiaire; et lorsqu'après la mort du second intermédiaire sheikhi, Hajî Kâzim, les sheikhis attendaient anxieusement la manifestation du nouvel intermédiaire, Mirzâ 'Alî Muhammad Bâb, qui avait suivi les conférences de Hajî Kâzim à Kerbelâ, se proclama l'intermédiaire attendu, et de nombreux sheikhis l'acceptèrent.

Le jeune voyant persan considère la réalité comme une essence qui ne comporte aucune distinction de substance et d'attribut. Le premier don ou expansion de l'*essence* ultime, dit-il, est l'existence. « L'existence » est le « connu », le « connu » est l'*essence* de la « connaissance »; la « connaissance » est « volonté », et la « volonté » est « amour ». Ainsi, de l'identité du connaisseur et du connu, chez Mulla Sâdrâ, il passe à sa conception du réel en tant que volonté et amour. Cet amour primordial, qu'il regarde comme l'essence du réel, est la cause de la manifestation de l'univers qui n'est rien de plus que l'expansion de l'amour. Le mot de création, pour lui, ne signifie pas la création à partir du néant; puisque, ainsi que l'affirment les sheikhis, le terme de créateur n'est pas spécialement applicable à Dieu seul. Le verset du Qor'ân, « *Dieu est le meilleur des Créateurs* [8] », implique qu'il y a d'autres êtres qui se manifestent, de même que Dieu.

Après l'exécution de 'Ali Muhammad Bâb, Bahâ ul-lâh, l'un de ses principaux disciples, qui étaient appelés collectivement « la première unité », reprit sa mission, et se proclama l'initiateur de la nouvelle loi, l'Imâm absent, dont le Bâb avait prédit la manifestation. Il libéra la doctrine de son maître de son mysticisme littéraliste, et le présenta sous une forme plus parfaite et plus systématisée. Pour lui, la réalité absolue n'est pas une personne; c'est une *essence* éternelle vivante, à laquelle nous appliquons les épithètes de vérité et d'amour seulement parce qu'elles sont les plus hautes conceptions que nous connaissions. L'*essence* vivante se manifeste dans l'univers aux fins de créer en elle-même des atomes ou centres de conscience qui, comme le dirait le D^r Mc Taggart, constituent une détermination plus poussée de l'absolu hégélien. Dans chacun de ces centres de conscience simples et indifférenciés, est caché un rayon de la lumière absolue elle-même et la perfection de l'esprit consiste à actualiser graduellement, par contact avec le principe d'individualisation, la matière, ses possibilités émotionnelles et intellectuelles, et à découvrir ainsi son propre être profond, ce rayon de l'amour éternel qui est caché par son union avec la conscience. L'essence de l'homme n'est donc ni la raison, ni la conscience; c'est ce rayon de l'amour, source de toute tendance vers une action noble et désintéressée qui constitue l'homme réel. L'influence de la doctrine de Mulla Sâdrâ de l'incorporalité de l'imagination est ici manifeste. La raison, qui dans l'échelle de l'évolution, est placée plus haut que l'imagination n'est pas, selon Mulla Sâdrâ, une condition nécessaire de l'immortalité. Dans toutes les formes de la vie, il existe une partie spirituelle immortelle, le rayon de l'éternel amour, qui n'a pas de liaison nécessaire avec la conscience propre ou la raison, et qui survit après la mort du corps. Le salut, qui pour Bouddha consiste à affamer les atomes du mental en éteignant le désir, réside donc pour Bahâ ul-lâh dans la découverte de l'essence d'amour qui se cache dans les atomes de la conscience eux-mêmes [9]. Tous deux, cependant, sont d'accord pour admettre qu'après la mort les pensées et les caractères des hommes demeurent, soumis à d'autres forces d'un caractère similaire, dans le monde spirituel, attendant une autre occasion de trouver un support physique convenable afin de poursuivre le processus de découverte (Bahâ ul-lâh) ou de destruction (Bouddha). Pour Bahâ ul-lâh, la notion d'amour est plus haute que la notion de volonté. Schopenhauer concevait la réalité comme volonté contrainte à l'objectivation par une tendance pécheresse existant éternellement dans sa nature. L'amour ou la volonté, pour tous deux, est présent dans chaque atome de vie ; mais la cause de cette présence est la joie de l'épanouissement de soi, en un cas, et l'inexplicable inclination mauvaise dans l'autre. Mais Schopenhauer postule certaines idées temporelles afin d'expliquer l'objectivation de la volonté primordiale ; Bahâ ul-lâh, pour autant que je sache, n'élucide pas le principe selon lequel la manifestation de soi de l'éternel amour se réalise dans l'univers.

Conclusion

Résumons donc notre essai. Nous avons vu que l'esprit persan eut à lutter contre deux sortes différentes de dualisme : le dualisme magiste préislamique, et le dualisme grec postislamique; bien que le problème fondamental de la diversité des choses demeure essentiellement le même. L'attitude des penseurs persans préislamiques est parfaitement objective, et c'est pourquoi les résultats de leurs efforts intellectuels sont plus ou moins matérialistes. Les penseurs préislamiques, toutefois, perçurent clairement que le principe originel doit être conçu de façon dynamique. Pour Zoroastre, les deux esprits primaires sont « actifs »; pour Mânî, le principe de la lumière est passif, et le principe des ténèbres est agressif. Mais leur analyse des divers éléments qui constituent l'univers est ridiculement simpliste; leur conception de l'univers est des plus défectueuse au point de vue statique. Il y a donc deux points faibles dans leurs systèmes : un dualisme pur et l'absence d'analyse.

Au premier, il fut porté remède par l'Islam; au second, par l'introduction de la philosophie grecque. L'avènement de l'Islam et l'étude de la philosophie grecque freinèrent cependant la tendance vers la pensée moniste qui existait dans le pays; mais ces deux forces contribuèrent à modifier l'attitude objective caractéristique des premiers penseurs, et éveillèrent la subjectivité latente qui finalement atteignit son point culminant dans le panthéisme extrême de certaines écoles soufies. Al-Fârâbî s'efforça de se débarrasser du dualisme entre Dieu et la matière en réduisant la matière à une simple perception confuse de l'esprit; les asharites la nièrent entièrement et professèrent un idéalisme achevé. Les partisans d'Aristote continuèrent à s'en tenir à la *prima materia* de leur maître; les soufis considéraient l'univers matériel comme une simple illusion, ou un « autre » nécessaire pour que Dieu Se connaisse Lui-même. On peut toutefois affirmer sans crainte que, grâce à l'idéalisme des asharites, l'esprit persan surmonta le dualisme étranger de Dieu et de la matière et, fortifié par de nouvelles idées philosophiques, revint au vieux dualisme de la lumière et des ténèbres. Le sheikh Al-Ishrâq joint l'attitude objective des penseurs persans préislamiques à l'attitude subjective de ses prédécesseurs immédiats, et énonce à nouveau le dualisme de Zoroastre dans une forme plus philosophique et plus spiritualisée. Son système reconnaît les titres de sujet aussi bien que de l'objet. A ces doctrines monistes s'oppose le pluralisme de Wahîd Mahmûd, qui enseignait que la réalité n'est pas une, mais multiple, unités vivantes primordiales qui se combinent de façons diverses, et s'élèvent graduellement jusqu'à la perfection en passant par une échelle de formes ascendante. La réaction de Wâhîd Mahmûd ne fut cependant qu'un phénomène éphémère. Les soufis ultérieurs aussi bien que les philosophes proprement dits transformèrent ou abandonnèrent peu à peu la théorie néo-platonicienne de l'émanation. Et chez les penseurs plus tardifs, on observe un mouvement passant du néo-platonisme vers le platonisme réel dont s'approche la philosophie de Mulla Hâdî. Mais la spéculation pure et le mysticisme rêveur subirent un puissant échec dû au babisme qui, en dépit des persécutions, synthétise toutes les tendances philosophiques et religieuses du passé et éveille l'esprit à la conscience de la dure réalité des choses. Bien que de caractère extrêmement cosmopolite, et donc nullement patriotique, il a cependant exercé une grande influence sur l'esprit persan. Le caractère non-mystique et le ton pratique du babisme est sans doute une cause ancienne du progrès des réformes politiques de la Perse moderne.

Notes

1. Le dualisme persan

1. Quelques savants européens considèrent que Zoroastre n'était qu'un personnage mythique. Mais depuis la publication de l'admirable *Vie de Zoroastre* du professeur Jackson, il échappe à la critique moderne.
2. *Essais*, p. 303.
3. Au commencement, il y avait un couple de jumeaux, deux esprits, ayant chacun une activité particulière. Yas. XXX, 1.
4. « *Le plus bénéfique de mes esprits a produit, en l'exprimant par la parole, toute la création juste* », Yas. XIX, 9.
5. Le verset suivant tiré de Bundadish, chap. 1, indique l'opinion zendik : « *Et entre eux* (les deux principes), *il existait un espace vide, c'est ce qu'ils appellent* « *l'air* » *en lequel est maintenant leur rencontre* ».
6. Shahrastânî, éd. Cureton, Londres, 1846, p. 182-185.
7. Ibn Hazm : *Kitâb al-Milal w'al-Nihal*, éd. du Caire, vol. II, p. 34 .
8. A propos de l'influence des idées zoroastriennes sur la pensée grecque antique, la déclaration suivante de Erdmann est digne de remarque, bien que Lawrence Mills (*American Journal of Philology*, vol. XXII) considère cette influence comme improbable : « *Le fait que les servantes de cette force qu'il* (Héraclite) *appelle la semence de tout ce qui arrive et la mesure de tout ordre, sont dénommées les* « *langues* » *a probablement été quelque peu légèrement attribué à l'influence des mages persans. Par ailleurs, il se rattache à la mythologie de son pays, en vérité non sans un changement d'exégèse lorsqu'il place Apollon et Dyonisos à côté de Zeus, c'est-à-dire le feu ultime, comme les deux aspects de sa nature* », in *Histoire de la Philosophie*, vol. I, p. 50. C'est peut-être en raison de cette douteuse influence du Zoroastrianisme sur Héraclite que Lassalle (cité par Paul Janet dans son *Histoire des problèmes de la philosophie*, vol. II, p. 147) regarde Zoroastre comme un précurseur de Hegel. Au sujet de

l'influence zoroastrienne sur Pythagore, Erdmann dit : « *Le fait que les nombres impairs sont placés au-dessus des pairs a été mis en vedette par Gladish dans la comparaison qu'il établit entre les doctrines chinoise et pythagoricienne, et le fait, en outre, que parmi les opposés, nous trouvons la lumière et les ténèbres, le bien et le mal, a induit plusieurs dans les temps anciens et modernes, à supposer qu'elles étaient empruntées au zoroastrianisme* », vol. I, p. 33.
9. Parmi les penseurs anglais modernes, M. Bradley arrive à une conclusion analogue à celle de Zoroastre. Discutant de la signification éthique de la philosophie de Bradley, le professeur Sorley déclare : « *Mr Bradley, comme Green, a foi en une réalité éternelle qui pourrait être appelée spirituelle, dans la mesure où elle n'est pas matérielle; comme Green, il considère l'activité morale de l'homme comme une apparence — ce que Green appelle une reproduction — de cette réalité éternelle. Mais sous cet accord d'ensemble, il y a un abîme de différence. Il refuse par l'emploi du terme « conscient de soi » de comparer son absolu à la personnalité de l'homme et il fait ressortir la conséquence qui, chez Green, est plus ou moins cachée, à savoir que le mal aussi bien que le bien dans l'homme et dans le monde sont les apparences de l'absolu* », in *Récent tendencies in Ethics*, p. 100-101.
10. Il ne faut pas confondre ceci avec le non-être de Platon. Pour Zoroastre, toutes les formes de l'existence procédant de l'action créatrice de l'esprit des ténèbres sont irréelles : parce que, étant donné le triomphe final de l'esprit de la lumière, ils n'ont qu'une existence temporaire.
11. Le mithraïsme fut une phase du zoroastrianisme qui se répandit dans le monde romain au deuxième siècle. Les partisans de Mithra adoraient le soleil qu'ils considéraient comme le grand intercesseur du soleil. Ils pensaient que l'âme humaine est une partie de Dieu et affirmaient que l'observance d'un culte mystérieux pouvait amener l'union des âmes avec Dieu. Leur doctrine concernant l'âme, son ascension vers Dieu par la torture du corps, son passage final par la sphère de l'éther et sa transformation en feu pur offre quelque ressemblance avec les opinions professées par certaines écoles de soufisme persan.
12. Geiger : *Civilisation des Iraniens de l'Est*, vol. I, p. 124.
13. Le Dr Haug, in *Essais*, p. 206, compare ces esprits protecteurs aux idées de Platon. Ils ne doivent pas, cependant, être entendus au sens de modèles d'après lesquelles les choses seraient façonnées. En outre, les idées de Platon sont éternelles, intemporelles et non-spatiales. La doctrine selon laquelle toute chose créée par l'esprit de la lumière est protégée par un esprit subalterne n'a qu'une ressemblance superficielle avec la conception suivant laquelle chaque esprit est formé selon un modèle parfait suprasensible.
14. La conception soufie de l'âme est également tripartite. Selon eux, l'âme est composée de l'intellect, du cœur et de l'esprit *(nafs, qalb, rûh)*. Le « cœur » est selon eux à la fois matériel et immatériel ou, plus exactement, ni l'un ni l'autre, à mi-chemin entre l'âme et l'intellect *(nafs* et *rûh)* et agissant comme organe d'une connaissance plus haute. Peut-être le terme de « conscience » tel que l'utilise le Dr Schenkel, se rapprocherait-il de l'idée soufie du « cœur ».
15. Geiger, vol. I, p. 104. La cosmologie soufie possède une doctrine analogue concernant les différentes phases de l'existence par lesquelles doit passer l'âme dans son voyage vers le ciel. Ils énumèrent les cinq plans suivants, mais leur définition du caractère de chaque plan diffère légèrement : le monde du corps *(nâsût)*; le monde de l'intelligence pure *(malakût)*; le monde du pouvoir *(jabarût)*; le monde de la négation *(lâhût)*; le monde du silence absolu *(hâhût)*. Les soufis empruntèrent probablement cette idée aux Yogis de l'Inde qui reconnaissent les sept plans suivants, voir Annie Besant : *Réincarnation*, p. 30 : le plan du corps physique; le plan du double éthérique; le plan

de la vitalité; le plan de la nature émotionnelle; le plan de la pensée; le plan de l'âme spirituelle — raison; le plan de l'esprit pur.
16. Sources utilisées : Le texte de Muhammad Ibn Ishâq, publié par Flugel, p. 52-56; Al-Ya'qûbî, éd. Houtsma, 1883, vol. I. p. 180-181; Ibn Hazm : *Kitâb al-Milal w'al-Nihal*, éd. du Caire, vol. II, p. 36; Shahrastânî, éd. Cureton, Londres, 1846, p, 188-192; *Encyclopaedia Britannica*, article sur Mânî; Salemann : *Bulletin de l'Académie des Sciences de St-Pétersbourg*, séries IV, 15 avril 1907, p. 175-184; F.W.K. Müller : *Handschriften — Reste in Estrangelo — Schrift aus Turfan, Chinesisch*, Turkistan, Tel I, II; *Sitzungen der Koniglich Preussischen Akademie der Wissenschaften*, 11 fév. 1904. p. 348-352; et *Abhandlungen*, etc., 1904.
17. Sources utilisées : *Qiyasat Nâmah Nizâm al-Mulk*, éd. Charles Schefer, Paris 1897, p. 166-181; Shahrastânî, éd. Cureton, p. 192-194; Al-Ya'qûbî, éd. Houtsma, 1883, vol. I. p. 186; Al-Bîrûnî : *Chrolonogie des nations antiques*, trad. E. Sachau, Londres 1879, p. 192.
18. « *Si je vois juste, cinq conceptions différentes peuvent être distinguées pendant la période d'environ 400 A.D. D'abord, nous trouvons la conception manichéenne qui s'insinua dans l'obscurité, mais se répandit largement, même au sein du clergé* », Harnack : *Histoire des dogmes chrétiens*, vol. V, p. 56. « *De la controverse anti-manichéenne surgit le désir de concevoir les attributs de Dieu comme identiques, c'est-à-dire, l'intérêt porté à l'indivisibilité de Dieu* », ibid. vol. V, p. 120. Certaines sources d'information concernant la philosophie de Mânî (par exemple Ephraim Syrus mentionné par le professeur A.A. Bevan dans son *Introduction à l'hymne de l'âme*) nous disent qu'il était un disciple de Bardesane, le gnostique syrien. Le savant auteur de *al-Fihrist* indique toutefois des ouvrages que Mânî écrivit contre les disciples du gnostique syrien. Burkitt, dans ses conférences sur le christianisme oriental primitif, donne une traduction libre du *De Fato* de Bardesane, dont l'esprit me semble-t-il, est tout à fait chrétien, et complètement opposé à l'enseignement de Mânî. Ibn Hazm, cependant, dans son *Kitâb al-Milal wa'l-Nihal*, vol. II, p. 36, déclare : « *Tous deux étaient d'accord sur les autres points, sauf que Mânî croyait que la ténèbre était un principe vivant* ».
19. Il est intéressant de comparer la philosophie de la nature de Mânî avec la conception chinoise de la Création, selon laquelle tout ce qui existe découle de l'union de Yin et de Yang. Mais les chinois réduisaient ces deux principes à une unité supérieure : Tai Keih. Pour Mânî, une telle réduction n'était pas possible, car il ne pouvait concevoir que des choses de nature opposée puissent procéder du même principe.
20. Saint-Thomas d'Aquin expose et critique l'opposition des agents premiers de Mânî de la façon suivante : « *Ce que toutes choses cherchent, même un principe du mal le rechercherait. Mais toutes choses rechercheraient leur propre conservation. Même un principe du mal rechercherait sa propre conservation; ce que toutes choses recherchent est bien. Mais leur propre conservation est ce que toutes choses recherchent. La conservation de soi-même est bonne. Mais un principe du mal rechercherait sa propre conservation. Un principe du mal rechercherait un bien, ce qui montre qu'il y a contradiction interne.* » *Dieu et ses créatures*; livre II, p. 105, Trad. Rickaby.
21. La doctrine zarwanienne dominait en Perse au 5e siècle avant J.C. (Voir *ZDMG*, vol. LV, p. 562).

2. Les aristotéliciens néo-platoniciens de Perse

1. Le Dr Boer, dans sa *Philosophie de l'Islam*, fait un exposé complet de la philosophie de Al-Fârâbî et d'Avicenne; mais son exposé de la philosophie d'Ibn Maskawaih se limite à l'enseignement éthique de ce philosophe. J'ai indiqué ici ses conceptions métaphysiques, qui sont nettement plus systématisées que celles d'Al-Fârâbi. Au lieu de répéter le néo-platonisme d'Avicenne, j'ai signalé brièvement ce que je crois être sa contribution originale à la pensée de son pays.
2. Mort en l'an 1030.
3. Sarakhsî mourut en 899 de l'ère chrétienne. Il était un disciple du philosophe arabe Al-Kindî. Ses œuvres, malheureusement ne sont pas parvenues jusqu'à nous.
4. Maulâna Shiblî : '*Ilm al-Kalâm*, p. 141, Hayderabad.
5. Mort en 1037.
6. Ce fragment sur l'amour est conservé dans les œuvres réunies d'Avicenne à la bibliothèque du British Museum, et a été publié par N.A.F. Mehren, Leiden, 1894.
7. Al-Baihaqi; fol. 28a et sqq.

3. Les progrès et le déclin du rationalisme dans l'Islam

1. Durant la période abbasside, beaucoup professaient en secret des opinions manichéennes. Cf. *Fihrist*, Leipzig, 1871, p. 338; voir aussi *Mal-Mu'tazila*, éd. par T.W. Arnold, Leipzig, 1902, p. 27, où l'auteur parle d'une controverse entre Abu'l-Hudhail et Salih, le dualiste; voir aussi *La théologie musulmane*, de Macdonald, p. 133.
2. Les mu'tâzila appartenaient à des nationalités diverses et nombre d'entre eux étaient persans par leur origine ou leur domicile. Wâsil Ibn'Ata, considéré comme le fondateur de la secte, était persan; voir Browne : *Lit. His.*, vol. I, p. 281. Von Kremer, toutefois, fait remonter leur origine aux controverses théologiques de l'époque omayade. Le mu'tazilisme n'était pas un mouvement essentiellement persan; mais il est vrai, comme le remarque le professeur Browne (*Lit. His.*, vol. I, p. 283), que les conceptions shi'ites et qadarî concordaient souvent et la doctrine shi'ite courante en Perse à l'heure actuelle est à maint égard mu'tazilite, tandis que Hasan Al-Ashari, le grand adversaire des mu'tazilites est un objet d'horreur pour les Shi'ites. On peut ajouter aussi que quelques-uns des plus grands représentants de la doctrine mu'tazila étaient de religion shi'ite, comme par exemple Abu'l-Hudhail (*Mal-mu'tazila*, éd. par T.W. Arnold, p. 28). Par ailleurs, plusieurs des partisans d'Al-Ashari étaient persans (voir extraits de Ibn Asâkir, éd. Mehren) de sorte qu'il ne semble pas tout à fait justifié de décrire le mode de pensée asharite comme un mouvement purement sémite.
3. Shahrastânî, éd. Cureton, p. 34.
4. Dr Frankel : *Ein Mu'tazilitischer Kalam*, Vienne, 1872, p. 13.
5. Shahrastânî, éd. Cureton, p. 48. Voir aussi Steiner : *Die Mu'taziliten*, p. 59.

6. Ibn Hazm, éd. du Caire, vol. IV., p. 197; voir aussi Shahrastânî, éd. Cureton, p. 42.
7. Steiner : *Die Mu'taziliten*, Leipzig, 1865, p. 57.
8. *Ibid.* p. 59.
9. Shahrastânî, éd. Cureton, p. 38.
10. Ibn Hazm, éd. du Caire, vol. V, p. 42.
11. Shahrastânî, éd. Cureton, p. 38.
12. Steiner : *Die Mu'taziliten*, p. 80.
13. Shahrastânî, éd. Cureton, p. 38.
14. Ibn Hazm, éd. du Caire, vol. IV, p. 194-197.
15. *Ibid*, vol. IV. p. 194.
16. Shahrastânî, éd. Cureton, p. 44.
17. Pour mon exposé de l'atomisme des rationalistes islamiques, je suis redevable à l'ouvrage de Arthur Biram : *Kitâb ul-Masâ'il fil Khilâf beyn al-Basriyyîn wal Baghdâdiyyîn*.
18. Macdonald : *Muslim theology*, p. 161.
19. Ibn Hazm, dans son *Kitâb al-Milal*, considère les sectes hérétiques comme une lutte continuelle contre le joug arabe que les rusés persans essayaient de secouer par ces moyens pacifiques. Voir le *Geschichte der herrschenden Ideen des Islams* de Von Kremer, p. 10-11, où le savant historien arabe de Cordoue est cité.
20. Shahrastânî, éd. Cureton, p. 149.
21. Jawidân Kabîr, fol. 149a.
22. *Ibid.*, fol. 280a.
23. *Ibid.*, fol. 366b.
24. *Ibid.*, fol. 155b.
25. *Ibid.*, fol. 382a.
26. Extraits de Ibn Asâkir (Mehren) : *Travaux de la troisième session du Congrès international des Orientalistes*, p. 261.
27. Spitta : *Zur Geschichte Abul-Hasan Al-Asharî*, p. 42-43. Cf. aussi Ibn Khallikan (Gottingen 1839). Al-Jubbâ'i où est rapportée l'histoire de leur controverse.
28. Spitta : *Vorworb*, p. VII.
29. Shahrastânî, éd. Cureton, p. 69.
30. Martin Schreiner : « Zur Geschichte des Asharitenthums », *Huitième Congrès intrenational des Orientalistes*, 1889, p. 82.
31. *Ibid.*, 2e partie, 1893, p. 113.
32. Voir l'admirable compte rendu de la métaphysique asharite par Macdonald : *Théologie musulmane*, p. 201 sq.; cf. aussi Maulana Shiblî : '*Ilm al-Kalâm*, p. 60-72.
33. « Lotze est un atomiste, *mais il ne conçoit pas les atomes eux-mêmes comme matériels; car l'étendue, de même que toutes les autres qualités des sens, s'explique par l'action réciproque des atomes; ils ne peuvent donc posséder eux-mêmes cette qualité. Comme la vie, et comme toutes les qualités empiriques, le fait sensible de l'étendue est dû à la coopération de points de force qui, dans le temps, doivent être conçus comme des points de départ pour l'action interne de l'être primordial infini* », Hoffding, vol. II, p. 516.
34. Shiblî : '*Ilm al-Kalâm*, p. 64-72.
35. Shahrastânî, éd. Cureton, p. 82.
36. « Ce travail (celui de Al-Ghazâlî sur la revivification des sciences de la religion) *possède une ressemblance si remarquable avec le* Discours de la Méthode *de Descartes, que si une traduction en avait existé à l'époque de Descartes, tout le monde aurait crié au plagiat* »; Lewes : *History of Philosophy*, vol. II, p. 50.
37. *Journal of the American Oriental Society*, vol. XX, p. 103.

38. *Al-Munqidh*, p. 3.
39. Cf. la critique par Sir Sayyid Ahmad de la conception de l'âme chez Al-Ghazâlî : *Al-Nazru fî ba'di Masâili-l Imâmi-l Umâm Abû Hâmid Al-Ghazâlî*, n. 4, p. 3 sq., éd. Agra.
40. Ibn Hazm, vol. V, p. 63-64, où l'auteur expose et critique cette théorie.
41. *Mishkât al-Anwâr*, fol. 3a.
42. A l'appui de cette opinion, Al-Ghazâlî cite une tradition du prophète. *Ibid.*, fol. 10a.
43. « *Il* (Al-Birûnî) *cite en l'approuvant ce qui suit, et qui constitue l'enseignement des adeptes d'Aryabhatta* : « *Il nous suffit de connaître ce qui est éclairé par les rayons du soleil. Tout ce qui se trouve au-delà, même s'il se trouve être d'une étendue sans mesure, nous ne pouvons l'utiliser; car ce que le rayon du soleil n'atteint pas, les sens ne le perçoivent pas, et ce que les sens ne perçoivent pas, nous ne pouvons le connaître.* » *De ceci nous déduisons que la philosophie d'Al-Birûnî était que seules les perceptions sensorielles, reliées entre elles par l'intelligence logique, produisent une connaissance sûre* », in Boer : *La philosophie dans l'Islam*, p, 146.
44. « *En outre, la vérité pour lui* (Ibn Haitham) *était seulement ce qui avait été présenté comme matériel pour les facultés de perception sensorielle, et qui le recevait de l'intellect, constituant ainsi la perception logiquement élaborée* », ibid., n. 150.

4. La controverse entre l'idéalisme et le réalisme

1. Commentaire de Muhammad ibn Mubârak sur *Hikmat al-'Ain*, fol. 5a.
2. Commentaire de Husainî sur *Hikmat al-'Ain*, fol. 13a.
3. Commentaire d'Husainî sur *Hikmat al-'Ain*, fol. 14b.
4. Ibn Mubârak, *Commentaire*, fol. 8b.
5. *Ibid.*, fol. 9a.
6. *Ibid.*, fol. 20a.
7. *Ibid.*, fol. 11a.
8. *Ibid.*, fol. 11b.
9. *Ibid.*, fol. 14a.
10. *Ibid.*, fol. 14b.
11. *Ibid.*, fol. 15a.
12. *Ibid.*, fol. 15b.

5. Le soufisme

1. « *La nouvelle nous est parvenue que Valère a été défait et est à présent captif de Sapor. Les menaces des Francs et des Alamans, des Goths et des Persans, sont tour à tour aussi terribles les unes que les autres pour notre Rome dégénérée* », Plotin à Flaccus, cité par Vaughan, *Half Hours with mystics*, p. 63.
2. L'élément extatique qui aurait pu séduire certains esprits fut rejeté dans l'ombre par ceux qui enseignèrent plus tard le néo-platonisme, de sorte qu'il

devint un simple système de pensée ne présentant pas d'intérêt humain. Whittaker dit : « *L'extase mystique ne fut pas considérée par les maîtres ultérieurs de l'école comme plus aisée à atteindre mais comme plus difficile; et l'on eut de plus en plus tendance à la considérer comme rien moins qu'impossible à atteindre sur cette terre* », in *Néo-platonisme*, p. 10.
3. *Qor'ân*, II, 151.
4. *Qor'ân*, II, 3.
5. *Qor'ân*, LI, 20-21.
6. *Qor'ân*, L, 16.
7. *Qor'ân*, XXIV, 35.
8. *Qor'ân*, XLII, 11.
9. *Qor'ân*, LXXXVIII, 17-19.
10. *Qor'ân*, XVI, 90.
11. Weber expose ce qui suit, d'après Lassen : « *Al-Birûnî traduisit l'œuvre de Patanjalî en Arabe au début du 11e siècle, et aussi, semble-t-il, la sutra de Sânkhya, bien que les informations que nous possédons à propos du contenu de ces ouvrages ne concordent pas avec les originaux sanscrits* », in *Histoire de la littérature indienne*, p. 239.
12. Le professeur Nicholson a recueilli les diverses définitions du soufisme. Voir *JRAS*, avril 1906.
13. *Mathnavi* de Jalâl ud-Dîn Rûmî, avec le commentaire de Bahr Al-'Ulum, Lucknow, Inde, 1877, p. 9.
14. A propos des progrès du bouddhisme, Geiger écrit : « *Nous savons que dans la période postérieure à Alexandre, le bouddhisme était puissant dans l'Iran oriental et qu'il possédait des croyants jusqu'en Tabaristan. En particulier, il est certain qu'il y avait de nombreux prêtres bouddhistes en Bactriane. Cet état de choses, qui commença peut-être au premier siècle avant J.C., dura jusqu'au 7e siècle de l'ère chrétienne. A ce moment, l'apparition de l'islamisme mit seule fin au développement du bouddhisme à Kaboul et en Bactriane, et c'est à cette époque qu'il nous faut situer la naissance de la légende de Zarathoustra sous la forme dans laquelle elle nous est présentée par Daqîqî* », in *Civilisation des Iraniens de l'Est*, vol. II, p. 170.
15. Nasafî : *Maqsadi Aqsâ*, fol. 8b.
16. *Ibid.*, fol, 10b.
17. *Ibid.*, fol. 23b.
18. *Ibid.*, fol. 3b.
19. *Ibid.*, fol. 15b.
20. Whittaker : *Le néo-platonisme*, p. 58.
21. *Ibid.*, p. 57.
22. *Dabistan*, chapitre 8.
23. Vol. I, p. 367.
24. Sharh Anwâriyya : *Commentaire d'Al-Harawî sur Hikmat Ishrâq*, d'Al-Ishrâqî, fol. 10a.
25. *Ibid.*, fol. 11b.
26. *Ibid.*, fol. 34a.
27. *Ibid.*, fol. 57 b.
28. *Ibid.*, fol. 60b.
29. *Ibid.*, fol. 92b.
30. *Ibid.*, fol. 82.
31. *Ibid.*, fol. 87b.
32. *Ibid.*, fol. 81b.
33. Je puis noter ici une forme de pensée moins spirituelle du mode de pensée d'Ishrâqî. Nasafî, *Maqsadî Aqsâ*, fol. 21a, décrit une phrase de la pensée soufie qui revenait à l'ancien dualisme matérialiste de Mâni. Les tenants de cette

opinion soutenaient que la lumière et l'obscurité sont essentielles l'une à l'autre. Ce sont, en réalité, deux fleuves qui se confondent l'un avec l'autre, comme l'huile et le lait (*Maqsadî Aqsâ*, fol. 21a) et dont naît la diversité des choses. L'idéal de l'action humaine est d'être libre de la souillure de l'obscurité. Et la liberté de la lumière par rapport aux ténèbres signifie la conscience propre que la lumière a d'être lumière.
34. *Insân ul-Kâmil*, vol. I, p. 10.
35. *Insân ul-Kâmil*, vol. I, p. 22.
36. Matheson, *Aids to the Study of German Theology*, p. 43.
37. Ceci ressemblerait beaucoup à la notion de Brahma phénoménal du Védanta. Le créateur personnel ou Prajapati du védanta est la troisième étape de l'être absolu ou du Brahma nouménal. Al-Jîlî semble admettre deux sortes de Brahma, avec ou sans qualités comme Samkara et Badarayana. Pour lui, le processus de la création est essentiellement un abaissement de la pensée absolue, qui est *Asat*, dans la mesure où elle est absolue et *Sat*, dans la mesure où elle est manifestée et donc limitée. En dépit de ce monisme absolu, il penche vers une opinion similaire à celle de Ramanuja. Il semble admettre la réalité de l'âme individuelle et semble conclure, contrairement à Samkara, qu'Ishwara et son culte sont nécessaires, même après que la connaissance suprême ait été atteinte.
38. *Insân ul-Kâmil*, vol. I, p. 40.
39. *Insân ul-Kâmil*, vol. I, p. 48.
40. « *Nous ne pouvons faire brûler quand nous le voulons le feu qui se trouve dans le cœur.* »
41. *Insân ul-Kâmil*, vol. I, p. 8.

6. La pensée persane tardive

1. *Asrâr al-Hikam*, p. 6.
2. *Ibid.*, p. 8.
3. *Ibid.*, p. 8.
4. *Ibid.*, p. 10.
5. *Ibid.*, p. 28-29.
6. *Ibid.*, p. 151.
7. *Ibid.*, p. 6.
8. *Qor'ân*, XXIII, 14.
9. Cf. Phelp : '*Abbâs Effendî*, chap. « Philosophie et psychologie ».

Table

9   *Introduction*

La philosophie persane préislamique

17   1. **Le dualisme persan**
Si-Zoroastre / Mânî et Mazdak / Coup d'œil rétrospectif

L'avènement de l'Islam et l'introduction de la pensée grecque

29   2. **Les aristotéliciens néo-platoniciens de Perse**
Ibn Maskawaih / Avicenne

43   3. Les progrès et le déclin du rationalisme dans l'Islam
La métaphysique du rationalisme; le matérialisme / Mouvements de pensée contemporains / La réaction contre le rationalisme; les asharites

63   4. La controverse entre l'idéalisme et le réalisme
La nature de l'essence / La nature de la connaissance / La nature de la non-existence

73   5. Le soufisme
L'origine et la justification qoranique du soufisme / Aspects de la métaphysique soufie / La réalité en tant que lumière : Al-Ishrâqî. Retour au dualisme persan / La réalité en tant que pensée : Al-Jîlî

119   6. La pensée persane tardive

131 *Conclusion*
137 *Notes*

*Cet ouvrage de La Bibliothèque de l'Islam
tiré sur papier vergé
a été achevé d'imprimer le 4 novembre 1980
sur les presses de l'Imprimerie Tardy Quercy S.A. Bourges
Dépôt légal : 4ᵉ trimestre 1980. Nᵒ 9901
Numéro d'éditeur : 44.*